U0488674

经历岁月的风霜，你会明白，我们必须依赖别人或寻求
协助，同时也学习让自己壮大，去成为别人可靠的支柱。

一顿饭，当思来之不易，不论你是在寺院过堂还是路边的小摊用餐，粒粒是汗水，咬下的菜叶，片片都有如来密意。

四季依序进退，海洋循着月圆月缺起落，难以测知的是人的心情。但如果我们拥有了智慧，在有无之间，皆可活得富足恬淡，无所恐惧。

我在岁月的殿堂礼敬过去、现在、未来诸佛，我在尘染里把心洗成一朵白莲华。佛在灵山一笑，那拈下的花枝，正在我的心底悄然开放。

你贵如皇族，你凡如草民，在禅修的世界，这些一时的假名之相，阻挡不了你踏上寻求真我之路。

鱼真要跃入龙门吗？如果我是鱼，那龙门一跃，得抛弃蓝色海洋的悠游之乐，龙门真的有鱼要的自由、快乐、广阔吗？

与其说咖啡令我“上瘾”，不如说是我对美的事物无可自拔地“上瘾”。小时候，坐在外婆家的花园，堕入缤纷的花雾中，忘了时间，忘了自我。我读着花，花读着我。

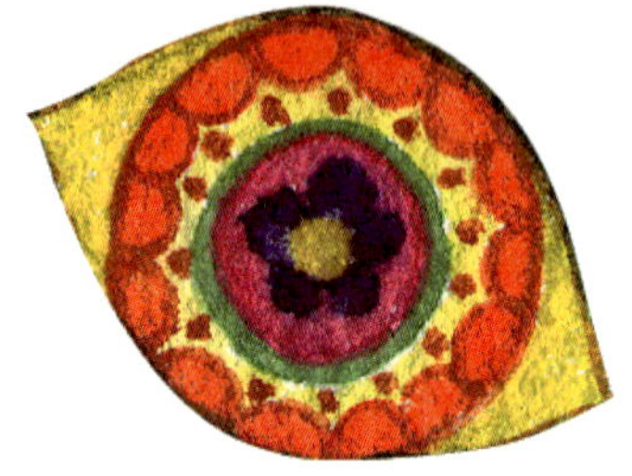

信仰不是自我陶然，而是愿意身心俱焚，感受佛对一切众生的悲悯。因为，一切众生流过的泪，伤过的痛，佛都有过。

茶汤里的觉醒

释满济◎著

陕西师范大学出版总社

图书代号：SK16N0082

图书在版编目（CIP）数据

茶汤里的觉醒 / 释满济著. — 西安：陕西师范大学出版总社有限公司, 2016.6
ISBN 978-7-5613-8341-4

Ⅰ. ①茶… Ⅱ. ①释… Ⅲ. ①禅宗—人生哲学—通俗读物 Ⅳ. ①B946.5-49

中国版本图书馆CIP数据核字（2016）第002873号

茶汤里的觉醒

CHATANG LI DE JUEXING

释满济 著

责任编辑 / 孙国玲　彭　燕
责任校对 / 胡　杨
文中插图 / 杨锦惠　萧惠敏　郝啊悠
封面设计 / 尚书堂
出版发行 / 陕西师范大学出版总社
（西安市长安南路199号 邮编 710062）
网　　址 / http://www.snupg.com
印　　制 / 中煤地西安地图制印有限公司
开　　本 / 787mm × 1092mm　1/32
印　　张 / 5.5
插　　页 / 9
字　　数 / 100千
版　　次 / 2016年6月第1版
印　　次 / 2016年6月第1次印刷
书　　号 / ISBN 978-7-5613-8341-4
定　　价 / 29.00元

读者购书、书店添货或发现印刷装订问题，请与本公司销售部联系、调换。
电话：（029）85303879 传真：（029）85307864 85303629

谨以《活出莲花的芳香》《茶汤里的觉醒》

献给师长、道友，

以及关心我的护法朋友。

谢谢你们赐予我一片青青草原的有梦之乡，

让我行走在人间的“丝想之路”上，

你们的引导与照耀，

让我的生命之路，

充满风和日丽的温暖。

大陆版序

因雪冰的居中的因缘，让《活出莲花的芳香》《茶汤里的觉醒》两本书可以漂洋过海，从台湾海岛来到大陆广大的土地，与无数喜欢佛法的朋友结下无尽的缘分。

茶与禅是丛林生活的意涵所在。

禅僧在喝茶中，从六根觉受冷热浓淡，到开启自心佛性、悟心。茶何等平易又何等珍贵。《茶汤里的觉醒》中有篇《你喝着茶，茶也喝着你》，文中这么写着：开悟的禅师，我想，他们都是懂得喝茶的行者，在无边的风月中浪走，以三千世界为游乐场。由于他们的清明，一杯茶喝来，载入的是纯白的雪景及天清地明之正气。

是呀，在茶汤里，你可以炫耀茶的出身、茶价的高贵、茶色的端庄、茶席的华丽，亦可学习当一个谦和温良的侍茶童子，祈愿人人在平常冷热的茶汤里，问道、觅心，而后悟道。

如果说《茶汤里的觉醒》一书是禅堂静默的笔记，那么《活出莲花的芳香》则是用参学的足迹，具体地把定慧的美与好，禅思的狂热与寂静，毫无遮蔽地呈现。这两本书，想要揭露的不过是动与静皆有禅心的芬香与生活的妙用。

两书能圆满出版，最要感谢的是家师星云大师。他以养兰之心培育徒众，让佛法借用文学的手播撒到十方世界。祈愿这两本小书，让人们理解佛法与文学的精要，引发对佛学的探讨以及性灵提升的高度兴趣。

是为序。

释满济

二〇一五年冬于台湾佛光山

推荐序

满济的《茶汤里的觉醒》《活出莲花的芳香》二书出版，欣喜佛光山的徒众长期耕耘，逐渐看到成果。

以养兰之心培养徒众是我的个性，理路清楚者可撰写论文、有艺文潜力的可从事文学创作、有组织力也喜欢讲说的可从事弘讲工作、具有耐烦的性格可任寺务或知客。对徒众我是“适材而教”，若问我怎么管理全球寺院的人事，我则“适性而用”，让徒众或佛光会的干部，乐在弘法的岗位上。

《茶汤里的觉醒》述说丛林生活的一饭一食，过堂、出坡，看似平凡无奇却蕴含有开悟的“机缘”。这本禅门的生活笔记，让一般人了解禅门的诸多面貌。

《活出莲花的芳香》是我同意满济到大陆参访一个月，她也不负所望，游历归来，在《人间福报》的副刊提供稿子，今结集出书。

十年树木百年树人，文化工作需要长远的发心，我也希望徒众、信众对文化工作者、文化事业能多一点护持，毕竟诸供养中，法供养第一。净化人心、提升生活品质，是需要文化深耕的，文化的感染力、影响力不止深远而且是千秋万世的。

诸佛菩萨所建立的净土，源于救度众生的“梦想”，人因有梦想而保持前进的力量，人也因怀有理想而人格崇高。祈愿大家“心怀梦想”，并朝着心中的理想前进。

是为序。

星云

二〇一四年五月于开山寮

目录

卷一　善待一碗冬瓜汤

善待一碗冬瓜汤 / 003

顾此也顾彼 / 005

母亲是水 / 008

隐形门 / 012

心是种子 / 015

当我们一起读经 / 017

修好你的牙 / 020

清醒的筷子 / 023

决战水蜜桃 / 025

失眠是一场午夜电影 / 028

你喝着茶，茶也喝着你 / 031

朝圣 / 034

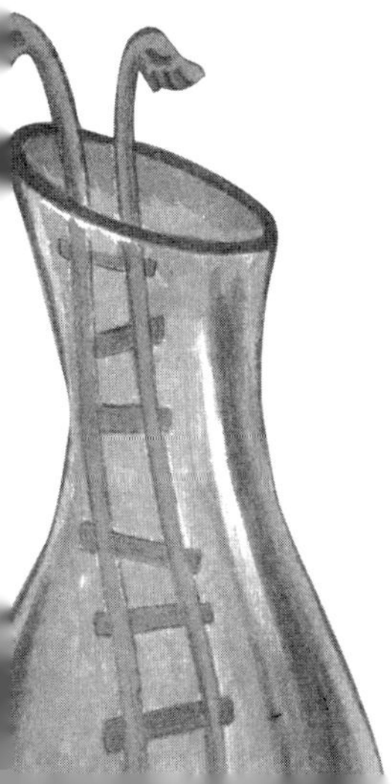

向粉红说谢谢 / 037

我只在乎你 / 039

新衣记事 / 043

点点点之后 / 046

被“黑” / 048

上瘾 / 053

卷二　我们是幸运的

今天，你浪漫了没？ / 059

我有一把刀 / 061

我怕，故我在 / 064

心之初 / 067

观音之心 / 070

如来之眼 / 072

笑眼看花人自语 / 075

人成佛现 / 078

你遇见了什么 / 081

我不是猫 / 085

我们是幸运的 / 087

回眸如来 / 091

入骨入道 / 093

自家宝藏 / 096

施食 / 099

哭点 / 102

卷三　圣境之锁匙

记忆中的星球 / 107

一样布袋，两样心情 / 111

圣境之锁匙 / 115

拔箭吧 / 118

听眼泪说法 / 122

后来呢？ / 125

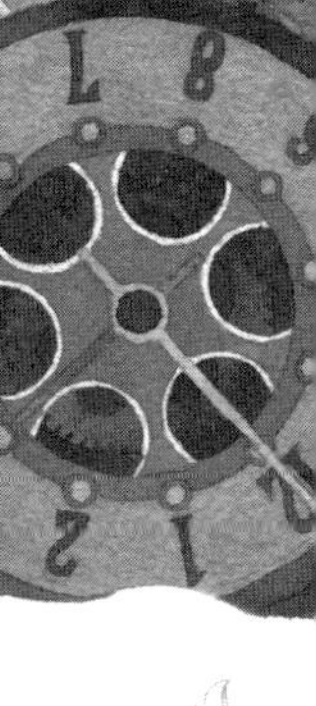

问问风，问问铃吧！ / 128

你在你的梦中做了什么梦？ / 132

梦窗国师的偏食 / 136

虚云老和尚与狐狸 / 139

瓶中鹅 / 142

一块饼 / 145

熟了 / 147

鬼在哪里 / 150

水龙头 / 153

卷四　后记

芳香之城 / 159

卷一

善待一碗冬瓜汤

极凡极简

日常生活

从喝茶从解渴

到意含禅机

都有甚深的微妙意

觉悟之路

溯源于

喝茶

走路

吃饭

睡

善待一碗冬瓜汤

午斋很幸福……

纯白无瑕的白米饭，配上一碗加姜丝的冬瓜汤，正此炎炎夏日，那清如水的汤汁，鲜美解渴无比。端起汤，端详禅门过堂的“凤点头”“龙吞珠”，这样具有龙凤威仪时早已融入身心血液。一日过堂后，同参赞美我：“你吃饭时很寂静，盘中没一点残渣，像清水洗过那么洁净。”我微笑感谢。吃饭是一大修行，这样的话语何其稀松平常，困在尘劳妄想中的我们，从未把这句话听进心里，用在生活。

饭食间，偶见雀鸟两三只蹦跳着，纠察巡视东西两单用饭的大众，随时提醒行堂添加饭菜。斋堂门口常有路过的游客、行人驻足观望，习以为常的大众及行堂，面对好奇的探视，个个如木人观花鸟，安然，不动，吃饭的依旧颔首举筷端碗，行堂的人员依旧提汤为人添加饭菜。

耳畔是碗筷和谐的交响曲。宋代大儒程伊川，曾去佛寺，见僧众行列出堂威仪之风姿，惊叹曰："三代礼乐，尽在于斯！"是呀，一举目一瞬目，如风吟如水声……啜饮着碗里的冬瓜汤，想着：这三五片冬瓜、几根姜丝，它们何尝不是历经千山万水，从埋伏地底，伺机而出，直到萌生枝叶，最后果实落地……今日，我们得以相遇，它们用饱餐天地的灵气，融入我身，滋长我命。捧着这碗冬瓜汤，万籁俱寂，此时，我们相依为命。禅门的马祖道一当年那句"一口吸尽西江水"，是为警策我们，开悟只在身边，每日饭食时，当万念不生，那一口清汤亦成浩浩荡荡的西江之水了。

"师父，您多开示我们，这样我们才会有智慧。"再多的开示，你的心不开，意如何能解？解脱与生死，你怎可脚踏两条船？恋栈生死那艘急驶的船只，不肯跳到解脱那一边，永远的结局是，生生世世卷入茫茫的汪洋。

虚云老和尚因为杯子扑落地而省悟，有人因听见瓦片爆裂而照见本心，有人因水面倒影终于大梦初醒……如果，每一餐饭，我们能够善待并尊敬那盘中的饭粒、叶菜、汤水，也许，开悟不远。也许，寂灭的净土，不在遥远的彼岸，在你提起的碗筷之间。当你我能用心面对平时的饭食，就能看到碗底开出一朵灵山的微笑。

走出斋堂，雨滴纷落檐下，阵阵雨声中，看见少年时躁动的自己，看见中年时混沌的自己，一再错过春花秋月，一再错过夏日澎湃的浓艳，冬季宁静的绝色……愧对，那百千餐饭的甚深微妙因缘……一碗冬瓜汤，何其圆满，何其清净……何其具足万法……

雨声中，回到寮房，拉紧窗口，以免雨水洒入。翻开《金刚经》，那经文写着："尔时，世尊食时，着衣持钵，入舍卫大城乞食。于其城中，次第乞已，还至本处。饭食讫，收衣钵，洗足已，敷座而坐。"尊贵的佛陀，着衣，乞食，洗足……他所宣说的曼妙空义，原来是在一钵饭、在洗净脚上的尘埃中完成的。

如实吃饭走路，在极简极凡里，我们才能走出属于自己的成佛之道。

顾此也顾彼

禅门离不开茶……

学僧去参问禅师，禅师常常一拃袖，只道："吃茶去！”近代的虚云老和尚，在禅堂喝茶时，杯子扑落地，当下桶底脱落，照见父母未生前的本来面目。

喝茶从解渴到意含禅机，我想，不过一盏浅浅的茶汤，并没那么复杂，是禅门提醒我们这颗麻木的心，要在清淡的茶汤中，喝出非凡的独秀。

从前，喝茶于我，一向被视为琐碎。要烧水要烫壶烫杯，要备办器皿、物件，不如随手冲泡的咖啡，热水注入，像按一两个键，三两下ENTER。但人过了四十，个性会大反转。什么时候开始喝茶，已不可考，好像一时之间，咖啡豆乘风而去，寮房的柜子换成了茶仓。

有了茶仓，随之而来的是茶壶。

这把壶，圆肚，长相憨厚，如同村野孩童不解人间愁苦。由于长尾取之凤形，制陶的老师，给了一个相当文雅之名：西施凤尾。带着“西施”回陋室，天初亮，窗口才被抹上几道绿光，起身后片刻，执壶冲茶，以此香汤供佛。慢慢的，安静地冲洗壶底壶身，成为生活不可或缺的一部分。

什么时候，从早吃茶演变到午间时再烧水煮茶，又成一段公案了。那日，小心翼翼地伺候着那长长的凤尾，那飞扬的凤尾，每次执壶，总令我爱不释手。快意地喝着有机蜜茶，掀盖注水，手一提，石破天惊。一瞬，我听到杯盖哐啷滚在地上了。捡回翻滚的壶盖，掀盖的小圆钮已离魂归天。

顾盼着凤尾，小心护着，结果千算万算，却是壶盖上那颗小圆钮与我决裂。霎时，领悟到人生中，多少的算计又有何用呢！稳定的工作，稳定的爱情，稳定的婚姻，稳定的一切一切，你所认为的，不尽然是那么稳定的，一个意外因缘的变化，你眼中视为坚固的一切，霎时化为万千碎片。

用透明胶带把圆钮粘住，准备寄走。陶艺老师允诺我：会找出一个适合壶身的新盖子。

是呀，旧爱换来新欢，旧爱曾有守护的记忆，新欢则带给人们想象空间和雀跃之感。迎新与送旧的交替中，我们开始明白，生命中不论是人是物，什么都是暂借的，所以，更应珍惜与感谢彼此有过一分一秒的聚会。

不曾顾恋一人一事，你又怎能懂得菩萨眉眼中悯念一切众生的大悲呢？木石塑胶的心是开不出七彩莲田的，唯有懂得他人的苦与难，我们深埋心里那小小的菩提根芽，才有出头绽放的好因缘。

壶盖破了，让我领悟。这段生活的插曲，果真印证了古人的智慧之语——顾此失彼。只顾美丽的凤尾，却打失了小小的壶钮。生命中的彼与此都要学习顾全，不然少了一个彼或一个此，即失去相互依存的神圣意义了。

顾此又顾彼，是培养生命的高度，让我们站在琐碎零乱中，用宽厚的胸襟，含笑以对。

母亲是水

七八月是台风季，山里各处都可以看见雨伞的踪影。雨来了，往伞筒里抓一把，回寮的路也无风也无雨。偶尔顽皮，要和雨神比赛是雨的脚快还是人的脚快，就加速脚程，半走半跑。可惜，山居的人，心地都良善淳厚，正当乘兴追雨，就听到背后“满济法师……”的喊声，那慈悲的人儿飞快地追上我，伞盖遮掩了头顶的一片天。

关于雨，我是熟悉的。童年时居于北地的雨都，三百六十五天有三百天是下雨天。漫长的雨季，却阻挡不了孩童追逐蹦跳的狂热，穿着雨衣，挥洒眉眼下的水滴，笑声回响在空旷的雨雾中。对于雨，熟悉但难以心生欢

喜。外表细弱的雨，暗藏一股强大的势力，它会逐渐地渗透屋瓦，让家里摆满大小脸盆和桶子，接着屋顶的漏水。雨对我而言，象征的是灾情是潮湿，更接近阴险。对于雨，生不起一点诗意与美感。

但生命中有一场雨，彻底改变了我对雨的观感。

那一年父亲往生。父母相守五十年，那紧密的生活，连呼吸都像鱼和水息息相关。我无法得知母亲是怎么度过那样想念的岁月的。

“你爸爸都没给我梦到！”

母亲希望父亲入梦报平安，而远去的父亲这一去却不再回头了。

“爸爸被佛祖照顾，在极乐世界修行。天上和人间的时间不一样，天上一天，我们这里要百年。等他来报平安，要等几百年后了。”

似懂非懂的母亲稍稍放宽心，在放下电话的那一刻，我听到她说：“有去佛祖那里就好，你爸很固执，但你说的话，要他念佛，他都有听。”

父亲往生半年后，我返乡探视母亲。那日，预想不到的豆大的雨，泼辣地倾倒下来，我心里叹口气，那黄色的衣袍已尽湿。站在门口等候的母亲，看见我的狼狈，拿出

毛巾要我快快擦干那一身的湿漉漉。

雨声中，母亲忙碌地处理那件水淋淋的长衫。

“小时候，你们的衣服都是用煤炭炉烘干，不然那湿气穿着会生病。”母亲的话语逐渐唤醒我沉睡的记忆。是呀，童年的冬天，客厅一定会烧起火炉，大家围坐着吃橘子，母亲再把橘皮煮开给小孩洗澡，可以防风寒治感冒。原来冬天的雨夜，有母亲为我们升起的氤氲芬芳。为什么，那样温暖的芳香，我却那么轻易地遗忘呀！

韩国有本书叫《请照顾我妈妈》。作者的母亲在地铁站和父亲走失后，大家开始回溯母亲的点点滴滴，才发现母亲成为他们的母亲之后，把自己完全奉献给家人，成为他们心目中，没有个性没有想法的“妈妈”。但其实母亲也有她的梦想，她的爱情，她想要过的不同生活……

天下的妈妈全心照顾家人，回过头，天下的小孩尽是负心人。而我，也成为千万个负心人之一。那一次雨天后，我每周固定打电话给母亲，两个人的话语始终是固定的对白。

“你要吃饱，别太瘦。”

“妈，晚上看电视别太久，早上要去运动，才会睡好。”

入胎后，我们靠着羊水存活，然后出生到人间。原来，天下的母亲是水，孕育着世界的希望，传达人类的喜乐。请你牵好母亲的手，别忘了，你的母亲用那澄清的水滋养你的身你的命，用她年轻的芬芳酿成你青春的岁月。关于母亲，不是那小小朵的康乃馨的芬芳可以涵盖的，母亲是浩浩荡荡的生命巨流，从远古至今，脉动着爱的纯粹、爱的香气及爱的无私。

隐形门

始终搞不清门的推或拉。有回呆立在门旁的我，认真地反省为什么会推拉不分，甚至习惯停驻在洁净如水的玻璃前，等着门自动“叮咚”敞开。但，往往也会出差错，因为不是每家商店都有自动门。

平凡老百姓，一生中，要进进出出无数的门。进，是一场喜乐宴饮迎接；出，迎向灯火阑珊，各自领受彼此的茫茫天涯，奔往不同的归程。这是凡俗百姓的幸福，相互取暖饱食，谈笑桑麻琐事。但也有一种门沾满血腥，如，唐太宗李世民三兄弟那场“玄武门事变”。历代金光闪闪的龙座，皆是用人头铺排，用鲜血粉饰，那样的太平，是用血水浇灌而成的。

年轻时，意兴风发，期许自己凌云直上，鱼跃龙门，成为人中龙。年龄稍长，心智逐渐圆熟，环视四周人与事，慢慢发现，所谓成为人中之龙凤者，生活未必十全十美。也许有败金的妻儿，也许超时的工作让他精神长期处于急躁中，身心的耗损，让他错失了享受生活的点滴美好。

鱼真要跃入龙门吗？如果我是鱼，那龙门一跃，得抛弃蓝色海洋的悠游之乐，龙门真的有鱼要的自由、快乐、广阔吗？

“让我多存一点钱，早一点退休，就可以环游世界了。”

为什么，每天推开家门后，经过巷道，那邻家矮墙上紫色的牵牛花，你不曾看见呢？等车的站牌下，阳光在灰尘中，依然不损灭它的璀璨，那样的明光，你却从未凝望。推开办公室的门，那偶尔听到的“早安”，你也只是勉强地应诺一声，连笑都来不及绽放就坐在电脑前了。

每天，我们漠然地开了一扇门又关上一扇门，像个行尸走肉的移动者，却妄想着，要到美丽的远方旅行。如果心是死的，眼是盲的，你要带什么去旅行呢？

宋代的慧开禅师著有《无门关》一书，取众多禅师公案四十八则用偈颂加以评释，让后人有因缘理解禅法。禅宗的“无门”是解脱义，要我们空去思辨及计较，在无门处有门可入，在别无阶梯时高升一步。那时，身心脱落，寸丝不留，谁又能关住你呢？

找门路，找后门，这个门若是平时广结善缘，你得入其门，也是心安理得；若名不符实，光靠关系，难保长治久安。人们费尽心思，为前途找门路，却少有人想为自己的心找出一条康庄大道。

慧开禅师当年苦参赵州禅师的“无”字话头，六年未曾开悟。那六年，他的心苦苦地煎熬着，吞不下吐不出，他立下“若稍睡眠，我身烂却”的誓言，日日夜夜系念那句“无”，六年后，终于开悟。

常有人问我：“师父，开悟是什么？”对这样的问话，我只能默然不答。不是故弄玄虚，而是我们连一日两日三日四日五日六日七日都不曾求法心切，哪里有资格去问什么是开悟？圣者所处的洁白的境界，绝非陷在沙尘四扬的我们可思议到的。

天天推门拉门、关门开门的我们，何妨转身觅寻，那扇无门之门，究竟隐形何方。

心是种子

现代的生活，人人谈“毒”色变。

某个黄昏，我去跑香，走到山门口的兜率天，那是山里的人欢喜的“生活天堂”，贩售有生活日用品，简单的饮料、饼干，等等，虽然没大卖场的琳琅满目，但山居的人，已深感满足。夏日，微冰的黑麦汁或者纯白的晶球优酪乳，对我而言就是琼浆玉液了。

拉开玻璃冰柜，拿出优酪乳，同行的道友们，立即反应：“会不会有塑化剂？”有没有，对我而言不是问题，因为空气、雨水早饱受污染，我们还不是天天要呼吸要生活？坐在灵山胜境的石阶上，微风吹动，隐约飘来夜合的香气，饮着花香，喝着可能有塑化剂毒素的饮料，此时，寺院夜阑如水，我的心安稳如山，享受着沁凉的优酪乳。

饮食的毒来自人心的贪婪。面对这样的时代，我常常思考，拼经济的台湾，直追着高所得的人们，可曾省思，努力把经济从红灯变换到黄灯，也有了傲视全球的一〇一大楼，我们却食不安睡不稳。这样的环境，花乱开，蜂蝶绝迹，一个山穷水尽的所在，我们要逃去哪里呢？

环保不只是带个环保袋，减少树林的砍伐；环保也不只是垃圾分类。环保应由每个人的心灵净化开始，学习儒家的“吾日三省吾身”，学习佛家的慈悲教义：每一念每一事，皆存善念好心。

极乐世界里，思衣得衣，思食得食，水清如蓝，天亮如绸，路平如琉璃，人心淳善。这些殊美之境，是心无贪无嗔无痴之毒，纯净的能量聚集，才形成的人人称羡的无有诸苦但受诸乐的梦土。我们的心创造我们临在的世界，《华严经》说：“心如工画师，能画种种物。”你的心，每一天每一分钟，画下的图案是什么呢？是向阳的花田，还是萎靡的天空？

每位菩萨许下他的誓愿，这些誓愿来自于，菩萨历经了人间的忧悲啼哭。众生的痛，菩萨都懂得。菩萨没有被生离死别打败的关键点，是在泪眼后，他仍然愿意怀抱着希望，再勇敢地往前走。

人心之毒，胜过塑化剂。人为什么会堕入三恶道？因为放任心里贪欲的毒素。当我们不再遵循仁义礼智，昧却了灵性，生命必然沉沦为低层次的载体了。鬼是死去之人，人是未死之鬼，人惧怕鬼，究其心理，实是恐惧死神的招手，怕自己失去现有的一切依附。

农历七月，民间名之“鬼节”，搞得鬼影幢幢。这“好兄弟”集体出游的月份，佛门则认定是美好的报恩月。此源自千年前，神通第一的目连尊者，亲自下到地狱，救拔母亲的感人故事。在这个月，佛门中人缅怀祖上的恩泽。我们愁忧地狱众生的苦难，于是借由法会，佛菩萨的慈悲加持，让他们心开意解，转生到善处。

如果，人人去除一点毒念，多存一分善美，人心播下如菩萨如佛的种子，那么，这个世界将转化成佛国妙境。

生命最大的奥义是：心是种子，你播下什么种子，将开出什么样的世界。

当我们一起读经

有一个世界，那里的人们，早晨手持沾着露水的鲜花，带着一颗缤纷的心，飞行到说法的国土。人人衣袂洁净，面无愁容，心静如月色。端坐，闻如是，佛演说苦、空、无常，慈无量、悲无量、喜无量、舍无量……那样的世界，只要你愿意翻开经本，华雨自落，香沉八万四千毛孔，净土唯心显现。当我们一起读经，世界在我们的眼中，瞬间改变了。无味的水化为酥酪，无声的绿叶跃动，千鸟歌咏，无彩的天际必有虹霓高悬。

当我们一起读经，邪魔退避，黑暗粉碎，这世界因一人两人三人四人五人……句句的诵文如踞地狮吼，宇宙在一群人低眉读经时，重新注入真善美的能量。

“师父，我的心情总是不好，怎么办？”

这世间的人过于聪明，你说一句，他们可以顶你一百句。他们要的不是解脱，他们要的是你认同他的烦恼，认同他的无力感，认同他的聪明，因为他们什么都知道。一个人什么都知道，是何等无知幼稚，人对自己对生命何时有真正的认识？大半生随波逐流，要名要利要地位要爱情，要不到的自哀自怜，得到的难保永久，有变化时，过往的一切恩义甜蜜化为乌有，甚至残暴地置对方于无处容身之地。爱之欲其生，爱时，渴求分秒黏着；恨时，希望对方化作云烟。爱恨一念间，你所爱你所恨的都不是那个人，你爱的是自己的贪婪。

“师父，我想要离婚。”

“师父，某月日，我要去开刀，长了肿瘤。”

“师父，我……”

面对人间如卷不完的潮汐的苦与难，慢慢的，我劝说的话语越来越简单，不再苦口婆心地讲说长篇的《劝世文》，不再心焦如焚地生气，因为他们老是掉到同一个坑里。

“找部大乘经典，静下来，诵读吧！”这是我唯一的答案，也是生命寻得安乐的入径。小妹十八岁时患血癌离世，那几年里，《金刚经》陪伴着我。也许，那经文的甚深微妙义，我是懂不了几分，但当时，跪下来，手掌张开，经文流入心海，那芬芳的法味，能转换人间最苦的爱与别离。

当我们一起读经，天雨曼陀妙华，随我们的心与眼纷纷而落。当我们语言道尽，也不能去细说人世的荒凉时，请你安静地读经，一字一句，一行一页，经文如日光融解你受寒的心情，如慈母理解你身心承载的悲愁与遗憾。

当我们一起读经，慈悲与宽容、智慧与清明、勇敢与温柔，照破天地的混沌，灵魂的无明。

当我们一起读经，心手相应，气息互通，东西南北上下会合，我们超越时间空间，把光明的火种带回人间。

修好你的牙

这星期，左上方的牙疼，没半点预兆，就在某个早上醒来时，强壮的牙队，忽然像感染了风寒。一向自视没假牙、少蛀牙的我，第一次体会到冷热食碰触时，犹如堕入寒冰焰火的苦楚。坐在斋堂的我，望着那碗冒热气的菜汤，徒呼奈何。只能优雅地学蜻蜓点水，一小口一小口地细品，但仍能清楚感受到那牙齿快断裂的剧痛。

牙疼要人命，整整经历了三天三夜要人命的牙疼，我没去看牙医，没吃止痛药，没做任何积极性的治疗。不是逞强，而是清楚，这星期，笔耕令心血耗损。稍懂医理的我，“休心息虑”，放下书册，放空脑袋，把禅坐、读经的时间延长。三夜之后，咬着菜根，才惊醒，牙齿已恢复应有的强度，任他冷热酸辣入口，牙如护河城墙。

牙，记录着我们生活与成长的故事。六岁后，参差不齐的乳牙要换新牙，二十世纪五十年代，牙膏牙刷还不普及，我还记得，小小的人儿，吃饱后，总要踮着脚尖，贴近水龙头，用食指沾着红色的牙粉刷洗齿间，洗得满脸满胸都是水渍。

家里第一次出现黑人牙膏、白兰香皂，是小学二年级时了，大人拆除的香皂纸，小孩抢着要，放到铅笔盒底层、夹在课本里，只为一张有香味的纸，可以笑拥入眠。那样的童年，已变成现代的“神话”了吧。而黑人牙膏，甜甜凉凉的像糖果，不知有多少吃进了肚子里。年纪再大一点，要长智齿，智齿的折腾，是一场场大大小小的灾难。四颗智齿，两颗正常成长，另两颗，忍不住痛，和牙神沟通后，以冒出小豆芽画下句点。因此，我依然拥有三十二颗牙。

我们从洗牙、装牙套到使用现在的植牙技术，这数十颗牙，从基础的卫生清洁进化到攸关外貌的美丽。一颗假牙从五千到三万台币，而植一颗牙十万起跳，这牙身价日益高涨，令人望牙兴叹。三十五岁时，我第一次看牙医。躺在座椅中，望着那铁盘里摆放的刀刀剪剪，有点胆寒。医生在戴口罩、手套时，我两三口饮尽那塑胶杯里的水。

“师父，您从没看过牙？”

“医生，您怎么知道，我脸上有记号吗？”

严肃的医生哑然失笑说：“师父，那杯水，是漱口的，不是给您喝的。”

第一次洗牙，闹了这样的笑话。

明眸皓齿，谓之美人，但美人终得沧桑迟暮，唯有佛的青莲之眼，佛的美白如雪之牙，永远殊美端严。《优婆塞戒经》言，佛的洁白之齿，是多生远离两舌、恶口、嗔心，修习平等慈悲而感得。

佛的三十二相中，有“齿齐相”。每颗牙不粗不细，整密齐平，无一缝隙。这一美好之相，是佛常常称扬他人，为人调解纷争，帮助别人和合无诤而来的。佛有四十颗牙，比常人多，是从修习慈悲平等，不疲不倦为人说法而来的。四十颗牙，也是佛果圆满的三十二相之一。

俗谚说：“狗嘴吐不出象牙。”希望人人如佛牙出妙香，常说慈悲柔软之语，常说光明向阳之语，常常称扬感谢身边人的关照。修得颗颗是好牙，想必是圆满佛道应修的学分。

清醒的筷子

翻开每个人的包包，里面至少会有一双筷子。在这个讲究环保的年代，由于资讯传达快速，人人闻“卫生筷”色变，深恐吃下漂白水导致癌症。

我的第一双环保筷，是多年前去日本浅水寺买的。那天，雨纷纷，我们参访浅水寺，礼拜三十三间堂的观音菩萨，行色匆匆地经过市集，只带了一双黑底绯樱筷子返台。这双筷子用了整整五年，一次，在毫无预警之下，漆落筷断。

环保筷演变的步调，令人目不暇接。材质从木料到钢铁，收纳袋则有典雅的各式花样的布套。对于筷子，虽然铁制的好清理，但我对木质的还是有偏爱，也许是有树木的芬芳吧。近日，收到一双桧木筷，用红丝线缠绕，筷面的格局素净方正，有一种内蕴的光彩。

筷子与我们的生活相随，筷子也意含着一场又一场谈笑的聚会。为了对筷子多份了解，我研读了一些对筷子的解说。

中国人早就发明了筷子，高妙绝伦地应用了物理学上的杠杆原理，筷子是人类手指的延伸。

古代，筷子叫“箸”（箸者，助也，意思是帮助人吃饭的工具），因为“箸”和“住”是谐音字，有停住、不吉利的意思，后来就用“住”的反义字“快”加个竹字头，做现在筷子的名称。

关于筷子的长度，湖南的筷子最长，有的长达两尺；日本的筷子短而尖，这是方便吃鱼片等片状食物的缘故。筷子在唐代传入日本，现在它是世界上少有的几乎全民使用筷子的国家。日本还把每年八月四日定为“筷子节”。

我们手里的两根筷子，原来有这么丰富、深远的文化内涵。

我对筷子是又爱又怕，从小惯用汤匙、叉子，使用筷子让我吃尽了苦头。童年时，夹起盘中的花生的动作，常常引起大人们的讪笑。举起筷子则像搬运笨重的锄头，令我的童年闻筷色变。

中国人什么都要讨吉利，明明“筷”是“箸”，住在美好住在清净住在安稳里，又有什么不好呢？出门带双筷子，请记得，吃饭前，静默地思考一下：什么要快，什么

要住？佛陀说，人命无常在呼吸间，因此，行善要快，改过要快，觉醒要快。每个心念，学习住于无我无私，少一分自私，多一分顾念别人的感受。多一个心念和平的人，必定会带来世界的和平。

现代人的开悟，也许，不在晨钟暮鼓，而在这双筷子。当你举起它时，别忘了，拨动汤食菜肴时，轻轻地安住在清醒里。

决战水蜜桃

那天午斋，原本以为是幸福，岂料天上掉下来的礼物，会变成一场灾难。

斋堂门口悬挂着一尾大木鱼，天天安静地凝视往来山里的僧人、游客。每回踏入斋堂时，我都不自觉地望向它。由于鱼睁眼憩息，禅门取之精进意涵，于是在殿堂、斋堂、法会等，它都占有一席之地。禅门的鱼，不在海洋，而在人间修炼，如老僧入定，木鸟观繁花。

话说，一个风和日丽的中午，依时搭衣，依序排班入座，依旧等着引磬声唱供养咒。在行进间，不得左右顾盼，但野马的心，偶尔是拉不住的。望向长条桌，一排粉嫩的桃子乖巧地站立着，哇，好漂亮的水蜜桃！

饱食后，雀跃地拎起手掌大的桃子，望着它，忽然不知要从何下手。

皮要剥吗？应该要吧。撕破薄皮，见空隙处，咬下去。这一咬，熟透的蜜桃，果然吹弹即破，汁液霎时如水患，我急忙拿起瓷碗接水，再丢下桃。到底要怎样安全啃食完这颗桃子，而不会将水滴到袈裟上，不会沾染洁白的桌面？

我心里叹了一口气。在八十八佛大忏悔文里，有一尊佛名为“斗战胜佛”，他勇猛地向魔军宣战，何其英姿焕发。而我此时此刻，端坐寂静无言的斋堂，却是心情忐忑不安，因为要努力决战一颗水蜜桃。眼前的水蜜桃，十分钟前，我认为它是今日的礼物，才过一会儿，礼物变成现前的狼狈不堪，终于理解“眼见非实，心念非真”这佛陀所说的人生哲理。

安静的斋堂里，原来是波涛暗涌，万念流转，举箸入口那方寸间，确实能令人清明，但也能令人混沌，不知咬着吞肚的是什么滋味。禅门有句话头，叫“每天背死尸的人是谁”，要行者参究：你身上这具躯壳，真的是活的

吗？还是毫无知觉驮着尸体，走来又走去的？

是呀，每天街上的人都带着这具载体，它有名有姓有美有丑，它有身份标记，但你确定它是活的吗？你还未使用它时，它在何方？当你吐出最后一口气时，它又在何处？你和它，它和你，何其亲密，但又何其陌生。

吸尽最后一口桃汁，已是大众唱念结斋偈之时了。用手里的面纸清理桌面后，合掌随众念诵回向：若为乐故施，后必得安乐……饭食已讫，当愿众生，所作已办，具足佛法。午斋决战水蜜桃是我今日的“所作已办”，也许未必全然具足佛法，但已得到佛陀的教训：学法者，应谦卑柔软，不可轻忽粒米寸食。

走出斋堂，从天堂跌到黑暗的地狱，再从地狱升往光亮的天堂。我想起，有个学佛多年的居士问我要如何确认自己学佛有进步。思考很久，现在可以确切地答复：想要进步，请从餐桌上起跑吧。如果，连一颗水蜜桃，我们都得全心全意决战，那么面对强大的烦恼魔鬼，更须培福修慧，扩大我们心灵正面能量的阵容。

决战水蜜桃的启示：我们也是一次又一次地经历“颠倒妄想”后，逐渐向觉悟之心靠近。

失眠是一场午夜电影

你失眠吗？据统计，全台湾有超过百万人，夜难成眠。人数那么多，可见，失眠快成为台湾人的新“潮流”了。

从小，我与失眠绝缘，但母亲、兄弟姐妹，都属于“坏睡癖”的族群。儿时，与母亲同床，身边的她频频翻转，有幸的我，完全没遗传到这一点，一碰到枕头，不到两三分钟即“不省人事”。母亲笑我，应该是头脑空空，所以才能这么好睡。

失眠的经历几乎不曾有，也难以体会一个人像黑胶唱盘打转的滋味是什么。长大后，工作、生活，等等，也有令人烦忧的琐事，但这些似乎像水面的幻影，波动片刻，依然撼动不了我坚强的眠梦。

近日，我失眠了。右背的剧痛，拉牵着半身，无一处可安身，左翻右翻，把自己摆平，但不论怎么放，里外的疼痛依然不断地传输到我的大脑。霎时，对这个对手感到可敬，它竟然打败我数十年引以为傲的“优点”，让我像浮沉在汪洋大海的小船，无法靠岸。

第一夜，我失眠到天亮，照常到办公室处理资料和文稿。奇的是，彻夜未眠，大脑的机制毫无受损。第二夜，对疼痛稍有经验的我，找到某个比较不痛的点，睡了两个小时。第三夜，我和我的敌手形成一种奇特的“共存关系”，我更了解它的脾气了，因此，前后睡了六个小时。

背痛的夜晚，有喝完一杯鲜美咖啡的觉受，清醒却又带有几分的醉意，我仿佛回到青春少年时，一个人看一场午夜电影，电影演什么其实不是那么重要，重要的是，我一个人进出电影院，像踏入魔幻世界，活得像唐诗的句子，可以独立江头，垂钓天远地阔的寒江雪夜。

背痛七日，看了一个中医师。医师开了十天的药粉，还附上一张“禁食清单”。一、茶类：绿茶、奶茶不宜。二、蔬果类：凡西瓜、香瓜、哈密瓜等瓜果不宜，笋类禁食，其他如茄子、南瓜、芹菜、空心菜等亦不宜。这清单中有一半，是我心里所喜的。原来，我们喜欢的，未必适合我们的身心，未必对我们的健康有益。从我们喜欢的食物到喜欢的人与事，都可能成为残害我们的无形杀手，但我们却从未曾察觉。即使察觉了，也不想改变，因为惯性是一种极其简易可得的舒服状态，就像整天窝在沙发上咬着洋芋片拿着电视

遥控器，无聊无趣也无奈，却每天重复着。

“我要如何放下情执，对先生对小孩？”常有女性朋友这么问道。我想到禅宗的一段公案：

“禅师，我的心不安，请您为我安心！”

“谁绑住了你，谁又束缚了你？”

谁又染着了谁？是你的心起了浓雾，你不拿布去擦拭，却拼命寻求、祈求能有位威力无穷的神佛或上师帮助你让眼前的雾气消失。

“师父，禅修有什么实际用处？”对只讲究利益的话题，我一向都是默然的。背痛及生命中一切难以预料的疼痛来临时，一颗有过禅修训练的心，只会享受过程而不会诅咒，会幽默又宽容地看待每件事的起起落落，在起落之间，它像个赏花客，享受花艳的喜庆也享受花谢的寂寞。

你喝着茶，茶也喝着你

“要不要咖啡？”偶尔下山办事，同行者在路过便利店或甜品店时，会关切地吐出这一句。不知道从哪一天开始，街头、大楼、巷口等，林立着咖啡的招牌，喝咖啡，成为台湾“新生活运动”之一。城市人的早餐，豆浆、稀饭不复见，取而代之的是在咖啡馆享受轻食，掀开一天打拼的序幕。咖啡像台北冬季的一场绵绵霏雨，那雨丝的味道像雾气，怎么洗都洗不掉。

我从小就喜欢热热的雾气。过年前，外婆蒸笼里的年糕散发出甜甜的香气，一个小人儿，坐在板凳上饱食年的味道。冬日的午后，母亲火炉上的红豆汤升起的烟雾里的我，像喝着美酒。冷冷的冬夜，市场上还有甘蔗汁、阳桃汁，还有象征福气的桂圆茶，我常常站在摊位旁，喝着喝着，感受岁月的静安，生活无限的滋味。

会喝上咖啡，我想，应该和这些记忆中的云雾有关。磨好豆子，酒精灯上的咖啡与水共舞，我在雾里，找回某些青春的记忆。忽然有一天，发现，每天喝咖啡的次数减少了，逐次变成每周喝，再演变为不定期。

储藏柜不再有咖啡豆的暗香浮沉，什么时候，我往回走，走回没有咖啡的日子呢？搜寻着记忆，归纳不出原因。也许，二〇〇五年上五台山朝拜文殊菩萨时，整整十天，伴随我的是山间的青岚，是寺里檐角被风吹动的铃铛声，还有长长的日影覆盖着我的身影；也许，二〇〇

九年，走了一趟云南，二十八日，天天要面对全然的孤绝……也许，当一个人饱食过了天地的香气，咖啡入口已成糟糠之味。

跃动的咖啡渐渐地远离我的世界，但曾经与咖啡相濡以沫，仍感谢它曾赠予我华美与浓荫，让我的身心留有芬芳的气息。咖啡走了，茶的清淡走入我的生命。曾经，对茶唯一的印象，是外婆每天烧煮一桶铁观音，放在门口，让过路的人解渴。对茶，总觉麻烦费事。到底又从哪一天开始，我晨起煮水泡茶，缓慢地倒水洗茶、等候紧密的茶砖在壶里松开筋骨，吐露它淡定的气度？

咖啡与茶，咖啡像瀑布的泼洒明亮，而茶汤似青湖的默静。茶不惹眼，却淡定自若，犹如空谷幽兰。慢慢的，明白了，禅门的公案里，为什么有一半叫人吃饭，一半唤人吃茶。生活中，离不开饮与食，你所吞下的，你所嚼咽的，到底是什么呢？百般计较思量好坏美丑，你能否触摸到永恒？本质上纳含的地水火风就如同你的身心，皆是因缘幻化所成的，你认定的一切，包括自己，都像海市蜃楼。

开悟的禅师，我想，他们都是懂得喝茶的行者，在无边的风月中浪走，以三千世界为游乐场。由于他们的清明，一杯茶喝来，载入的是纯白的雪景及天清地明之正气。你喝茶吗？是的，我喝茶，正在学习当一个侍茶的童子。晨光洒入，等着白水沸腾，等着众鸟在窗口齐鸣，等着那茶砖沉入水中，等着香气升起，等着世间的琐碎退去，我与我的茶与天地的清寂繁荣，共存共亡。

你喝着茶，茶也喝着你，别空费一杯好茶。人在茶汤里，有迷有悟，不妨问问自己，喝茶的人是谁？喝到山穷水尽时，喝到一无所有时，也许，茶汤里，有个本来面目的你，痴痴地等着和你重逢。

朝圣

从云居楼后山的登云路走向佛馆，沿路黄土飞扬，路旁佛馆的指标“阿育王柱”周边还蒙了尘。走到广阔笔直的大路上，圆环形的花台下有工人在漆油漆，礼敬大厅的四只小狮、幼象顽皮地跳跃玩耍在蓝天下，那小兽的憨态惹人驻足观望。

每星期行脚到佛馆，都是一次朝圣之旅。

为什么要建佛馆呢？星云大师曾回答大家的疑问：其实，这和建设捷运、高铁一样具有划时代的意义。不同的是，捷运和高铁是硬体的建设，佛馆则是历史的、人心的、教育的、文化的建设。大师希望来山的每个人到了佛馆，都能与佛接心，感受到佛的人格芬芳。大师用佛馆的建设展现佛法丰富的内涵，一座佛馆等于一部经藏，你从成佛大道，沿途礼敬四圣谛塔、八正道塔，到本馆的佛光大佛，这之间，你可遥想，佛陀千年前三转法轮，演说圣谛。穿越时空，这一时，你的心量周沙界，当下即能与佛接心。

冬季，南国之境，阳光像海岸遍洒的金沙。温暖的佛光里，我走在天蓝地青中，远望大佛，目光里的佛，无视炎阳高温，面貌依然慈祥依然淡定，听闻凡俗万千众生走过时，他们心里的祈求，他们心里的恐惧。

风吹着我，樟树林的静香在空中弥漫。滴水坊的小菜、平安粥任人欢喜取用，每次到这里，我都感受到，极乐净土，应是如此。

“师父，那些美味的小菜，真的没定价，可以自行取用吗？”

“佛馆的滴水坊，没有菜单，没有定价，每天一面一饭，都是随喜投功德箱的。有能力的人，就捐资多些，算是和其他人结个善缘。”

如果说，大师创建全球近两百个道场是奇迹，那么，设立一个没有菜单没有定价的“极乐世界”这一项创见，实在是奇迹中的奇迹。礼敬菩提广场的八大祖师，绿树两行的十八罗汉，三尊比丘尼雄伟地立于罗汉群，大师勇于打破以往寺院的旧例，倡导成道、觉悟是不分男女的，他的开阔视野，让台湾的比丘尼有因缘在全世界从事各弘法事业。

灿烂的阳光，把僧衣烘得酥暖发亮，绕进长廊，读着“佛陀行化本事”。佛度王子亦度贱族，佛曾说“四姓出家，同为释种”，人的贵贱不在出身，而在内在修为的慈悲、道德。

穿过“护生画集”画墙，巧遇幼儿园的老师带领小朋友做生命教育的户外教学。“师父，阿弥陀佛！”佛号此起彼落。“这张图是说，不能抓小鸟哦，不然鸟妈妈会哭哭。”我听着小朋友们的童言童语，他们小小心灵撒下了爱护众生的思想种子，相信台湾的未来，有爱也有希望。

未来佛馆不收门票，入山门的人，都会被奉上一碗热热的平安粥结缘。佛馆巡礼，是朝圣是省思，是用你的双脚深深地去觉照去印证，佛不在灵山，在你的心中。

向粉红说谢谢

从小到大，对粉红这个颜色有一种难言的感受，不是厌恶，不是排斥……慢慢地觉察到，对粉红，有一种轻视的心态。粉红象征的是温软，是梦幻，是阴柔，而我崇拜的是勇敢、坚决、果断。在现实、势利的世间，人是不容示弱的。

这个想法，是如何潜入我的记忆体的？就像大脑被置入晶片，难以拔除。出家后的僧衣，叫缁衣，也称坏色衣，意思是，僧衣以深色稳重为要，不取世俗的艳丽。一九八八年，我在西来寺受戒，惊见戒场一片粉红，原来是南传国家的女众，失去比丘尼戒法的她们，身着粉红僧衣，只能受持沙弥尼戒，在僧团无法与男众比丘拥有平等的地位，同时也失去受高等佛学教育及学习其他寺务的机会。那一片粉红烙印我心，它是对性别的歧视。佛陀时代本有比丘、比丘尼教团，南传国家不知“与时俱进”的革新，封闭地守着固有传统，不力行恢复比丘尼戒法，不吸收优秀的女性到佛门，将成为佛教界发展的损失。

这是我出家后，发现粉红色原来也有令人痛心的一面。

第二次遇见粉红，是我收到一对粉红色的护腕。那是二〇〇二年，我在台北主编《人间福报》的副刊，一个爱读我专栏的小读者，寄来护腕，让我用电脑打字时使用，以保护手腕。收到时，我啼笑皆非，怎么会是“粉红色”？小朋友在短小的字条上写着：“师父，想了好久，原本要给您黑色，但觉得不适合您。最后选了粉红，因为，我觉得您是一个很温柔的人。”

第一次，有人说我温柔，来自一个十三岁男孩。他的心他的眼，感知到什么，又看到了什么？

二〇〇三年冬，我调回南部本山，与小读者失联，护腕洗了又洗，破旧不堪。再换新的时，几经思量，最后，我也为自己选了粉红，为了记住这位小知己。

二〇〇九年春，走在丽江的胡同，忽然视线里跑进满树粉红的月季花，我的双脚被钉住，坐在桥边静静地凝望，那开放在湛蓝天空下无边的粉红。

第四次第五次第六次……慢慢的，手边的滑鼠是粉红海豚，笔记本有粉红的镶边。粉红渗透了我，我也在一片粉红里学习，观照心性的可喜可厌。它不是固体，而是液态的千变万化。云落地化为滴雨，雨水升温再转化成云海。粉红，也可以如大河之巨流，本体虽是柔质，但力卷千尺万浪，形成令人畏惧的海啸。

腊月，山里的绯樱一夕之间，像被爆竹炸开了。望向那枝丫相依相偎的粉红花朵，想着新的一年果真要到了。迎新送旧之际，我向这全世界的“粉红”说声谢谢，谢谢你们让我学习到，柔性是一种至善至美的力量，它不等于怯懦更不等于虚缈的幻梦。

我只在乎你

你听流行乐吗？不听，总觉得词句过于滥情。唯有在校园民歌流行那段时期，我听《小茉莉》《风告诉我》……近日偶然听到苏打绿翻唱邓丽君的《我只在乎你》，词虽平易却有动人的意蕴，好奇去搜寻，发现原来是有“千首词人”美誉的慎芝的作品，这让我遥想起，不识愁滋味的年少时期，在风中与同伴咏唱《蓝色街灯》

《泪的小花》《最后一夜》……苦涩迷茫的青春，因为这些歌，也沾染了甜美的气息。

流行乐俗气吗？也许是吧，如果情爱变得如此易得易失，世间的人们，为何不能在水沫电光之间有所领悟，转往接近宗教的高度去看待生命中的花季情事呢？山居出世的生活，不等于不识不解人间的伤痛，就像医生有能力诊断病情，疗愈身苦，未必要自己得病。

如果没有遇见你，我将会是在哪里？
日子过得怎么样，人生是否要珍惜？
也许认识某一人，过着平凡的日子，
不知道会不会，也有爱情甜如蜜？
任时光匆匆流去，我只在乎你，
心甘情愿感染你的气息，
人生几何，能够得到知己，
失去生命的力量也不可惜。

每个人的一生中，必定在某个阶段遇见某一人，产生一种撼动，爱情不过是其中一滴水滴，还有比爱情更深更远的海洋。当我在佛学院，夜里一个人坐在平台上听海时，仿佛，听到了佛陀之心。“你留恋什么呢？这一切如空花水月，在生住异灭里，你可知哪个是真正的你？”二十三岁，我遇见了佛陀，他震动我渺小的灵魂。他问我，你到底要什么？

任时光流去，任繁华落尽，任热闹的人潮退去，我的心感染佛的气息，我的脉搏与佛贴近。是信仰解救了我，让我重新审视，这一段人生旅程，该留下什么给自己和别人。花留下芳香，树留下苍绿，海留下壮阔，山留下秀丽，我能留下什么呢？

二十多年匆匆而逝，同参道友半零落，偶尔行过会馆前，望向那小栅门的宝桥，我还记得那句承诺：六十岁，我们要一起走过宝桥。誓约犹在耳畔，人已像流水花谢，不复记忆了。佛陀为了闻一句法偈，宁以粉身碎骨交换。信仰不是自我陶然，而是愿意身心俱焚，感受佛对一切众生的悲悯。因为，一切众生流过的泪，伤过的痛，佛都有过。

我只在乎你！你在乎的是什么，它将会为你带来不一样的人生。

新衣记事

关于“年”，有传说，是一只带来灾难的兽，所以人们用震耳的炮声吓退它。对过年的感觉，随着年纪增长有不同。如词人蒋捷对时光之神发出的喟叹：少年听雨在放浪的歌楼上，壮年听雨在漂泊的客舟里，晚年的情致则是寂然的小山兰若。我不喜欢过年，因为母亲为了张罗年节的花费，必须四处去借贷。也怕给左邻右舍笑话，家里的小孩，过年没新衣可穿。

除夕夜，象征性地吃完团圆饭，母亲带着四个小孩出门，在商家收摊前，以最低的价格备办好孩子们的衣物。而我一路都在生气，生气，为什么不可以如实地活着？过年有没有新衣，是我们家的事，管别人怎么想。从小一到小三，这三个年，从除夕的早上，我都没给母亲好脸色。

“你穿蓝色毛裤，妹妹选白色短裙，好吗？”三年来，我的回答只有两个字：“随便！”勉强应付母亲初一穿新衣的家规，初二我就换回平时玩耍时穿的短衣短裤，不畏北部的寒风细雨，在微茫的雨雾中与童伴追逐奔跑。那几年，我不知新年穿了什么款式的新衣，只觉年像只怪兽，把平时居家的平静、欢快都劫走了。

终于等到母亲向我们宣布，今年可以早一些时间去挑选过年的行头。

“我不要穿什么新衣啦！”

“你去年穿格纹的西装很漂亮。”母亲知道我有牛脾气的执拗。

“我不喜欢新衣服，硬硬的，还有怪怪的味道，有表姐们的旧衣，我自己会搭配穿。”那一年，为了新衣旧衣，母女宣战，我惹火了母亲，被罚禁足三天，不准越过家里的门槛。坐在门槛上，望向悠悠的云端，哥哥要我认错，我不接受，穿着旧衣是我的人身自由。

“妈妈是怕我们被人家笑，穷，连过年都没像样的衣服可穿，你勉强穿一天，让妈妈高兴。”

忘了从什么时候起，母亲不再帮我们备办过年的新衣，是发钱，各自买衣。重获自由的我，一个人上街，却找不到适合年节的打扮。

把钱再交还给母亲，“怎么空手回来？”“找不到喜欢的。”除夕的早上，我的床头摆放了全套的新衣裙，母亲甚至把领巾、小钱包都选配好了。终于理解到所谓的知女莫若母，母亲生养我们，的确知道如何给每个小孩做最合宜的打扮。

人们渴望独立飞翔的勇气，却也恋栈某种可以放手依赖的顺境。我一向给人独立的印象，其实在十八岁前，生活都是母亲、兄长一手包办。没单独上过街，身边都有家人的跟随，他们的理由听起来可笑：怕我迷路，怕我太可爱被外星人抓走。于是，我享受上天赐予的特别恩宠，直到年满十八，家人才放手。第一次一个人到清境农场参加救国团的自强活动，在外过夜，躺在草坪上，与半熟的玩伴，数着星星一起入眠。

如果你问我，喜欢一个人吗？我确实喜欢一个人的自适随意。但在生命的某段旅程，会出现特别的人，也许是家人、朋友……他们会担忧你迷路，挂念你生病，他们无所求地守护你，用他们心里的爱照亮你的路。即使岁月流逝，这些特别的人都会永远活在我们的记忆里。

出家后，渐渐明白，人要衣装，佛要金装，毕竟眼仍喜光鲜亮丽，也省思到，轻狂年少时对母亲的野蛮无理。

终年一件黄长衫穿到底，二十余年，省却过年添购新衣物的琐碎劳烦。一年将尽，祈愿大家日日是好日，年年是好年。当你走向热闹的商行，忙于备办各类年货，选购新衣时，别忘了，新的一年，为我们的心灵添置一些美德：珍惜现在点滴的幸福，感谢身边拥有的美好。

点点点之后

网络改写了人类的生活、人际往来的实体模式。我们活在一个不到十英寸银屏的世界里，自以为热闹非凡，线上的物品、你来我往的对话……但一关上视窗，弹指间，所有皆归于长长的黑暗。

点菜、问路，食指轻碰，地图显现。曾有一则新闻：家庭出游，开车依赖导航系统，结果整部车掉入海港。人们不再信赖眼所见，完全把生活交给系统去管理。

出门拍照，急着上传照片给朋友，注意留言，却忽视了身边的家人、朋友。人们不再习惯面对面对话，而是用指指点点，填塞一天的内容。

快速不会让我们身心安然。

新春，一些朋友上山来礼佛，他们吐露现实生活的

不易，物价的高涨，等等。安家立业，变成一个遥不可及的梦。

我说，把脚步放缓慢些，让心寂静下来，才能认清路况，也才能吸引贵人来相助。在贵人来到之前，自己要准备好各项条件，好因缘是福德具足的人所拥有的。

在生活的各个层面减少物欲，克制虚荣的消费，培养判断需要与想要的智慧力，因为小富都是由节俭而来的。

这个时代既沉默又躁动，满街的食指族沉默地在几英寸的银屏间移动，分分秒秒关注网络的动态。智能手机上市之后，偷走了人际关系的亲密感。慢慢地发现，原来享受便利的同时，我们渐渐失去一种人的温度与最珍贵的想念。

Facebook的更新，慢慢地让人提不起劲，因为你发现，那个人买的一双鞋，这个人买的新花裙，好像你都要去按赞；你的朋友背后有一大串不是你的朋友的人，别人的朋友可能看过你的网页，而你永远都不知道。

慢慢的，我厌离这种葡萄串式的复杂的社群关系，你被窥视着，却永远不知情，就像小偷潜入你的房间，甚至开了衣柜，却连指印都没留下。网络宛然一部时代的惊悚剧，每天无声息地上演着。

我不在无声的网络上。人的存在，是彼此创造患难与共、心灵深度对话的记忆。

网络偷走了世界的宁静，人们不再习惯于等待，山高水远的相思故事，早就被网络大神赐死了。

点点点的网络，如果是一条不归路，那么，在点点点之后，请别忘了人生除了点点点，还有花香的袭人，还有月色的银亮，还有友朋相聚回荡耳边的笑语，还有关上银屏之后，那一片湛蓝的天空。

被“黑”

使用电脑，学习上网是因为是寺院响应“无纸化”环保的号召，还有档案保存及资料搜寻的便利。从一九九〇年起，我正式在电脑教室学习输入法，开始从纸本的作业，转向视窗的工作模式。

什么时候使用MSN？无从考究，应该是为了联络方便，谈话也安静，不会打扰到其他人。就这样，十多年，安然度过无声无息的MSN岁月。从没想过会被“黑”，账号被盗用，还牵连到朋友“受黑”。

“你刚在会客，怎会问我‘在吗’？”才刚和一位来自台北的信徒谈完话，一踏入办公室，同事就问我。

“最近，很多人被黑，你快去上线看看。”

怎么登录，都无法成功。电脑显示，有另一个登录的位置。

“快去改密码。”

改了两次，都告失效。因为，那个黑客没下线，真正的我，反而不被电脑接受。

心急，想要快速处理问题，不抢时间，恐怕受黑者会更多。

怎么改了密码，还是没用？我再度向外求救。

“你进去看你的个人设定，有个备用信箱，如果不是你的，快把它删除，不然，你一改密码，系统也会把讯息寄给黑客。”

果然，在那个设定的项目，我看到一个陌生的信箱。解除危机，正常登录后，线上的朋友都留言：“你的账号被盗了，快改密码。”

追根究底去问，为什么会被黑呢？

原来被黑的族群，大致都热血，他们收到相同的留言：“这是我的博客，帮我上去冲人气。”连上网址，就成为网络钓鱼的“鱼虾”。然后，被黑者再把同样的网址发给朋友，于是灾情惨重。为了解这些人的心态、做法，我请一个朋友把当时的对话档案传给我。

· 小王子 says

在吗?

· 爱书人 says

有。

· 小王子 says

在忙什么呢?

· 爱书人 says

润笔啊……

· 小王子 says

喔喔。

那方便帮我一个忙吗?

· 爱书人 says

好啊。

· 小王子 says

帮我买几张MyCard点数卡方便吗?

· 爱书人 says

那是什么?

· 小王子 says

便利店都有啊,

跟店员说买智冠科技的MyCard点数卡=麦卡他们就了解了呀。

· 爱书人 says

买这个做什么?

· 小王子 says

我用来在网拍储值换东西的,

拜托了啦。

· 爱书人 says

喔,换什么?

· 小王子 says

等我买好后再截图给你看好吗?

能先帮忙一下吗?

刚好有急用喔。

· 爱书人 says

我请小白或小花帮你买,好吗?如果他们明天出门的话。

· 小王子 says

你买好后麻烦把序号密码直接贴给我就好了啦。

钱你要是不急的话我明天再还你可以吗?

· 爱书人 says

他们明天不出门。

· 小王子 says

你能先帮我到超商买卡吗?

很快的啦。

· 爱书人 says

不行啦。

一世英名毁于一“黑”，幸好，我的身份是宗教人士，朋友们一听到网拍，就察知到对方八成是骗子。

晚上，诵读《入菩萨行·安忍品》，一字一句，顿然醒悟，这世间的人还是心存良善的，为了朋友的博客去冲人气，为了朋友的请托去买卡，但这份淳厚，还得学习“验明正身”的智慧，确认是本尊的言行才行。

“真的是你吗？请说出，我们一起吃饭的三个地方。”

“别闹了，真的是我呀。”

当说出“真的是我”这句话时，忽然觉得悲凉。眼见的，视窗的，也仅是你和我的幻影。

现代人的开悟，也许，不在晨钟暮鼓，而在这双筷子。当你举起它，别忘了，拨动汤食菜肴时，轻轻地安住在清醒里。

每天，我们漠然地开了一扇门又关上一扇门，却妄想着，要到美丽的远方旅行。如果心是死的，眼是盲的，你要带什么去旅行呢？

当我们一起读经，世界在我们的眼中，瞬间改变。无味的水化为酥酪，无声的绿叶跃动，千鸟歌咏，无彩的天际必有虹霓高悬。

解脱与生死，你怎可脚踏两条船？恋栈生死那艘急驶的船只，不肯跳到解脱那一边，永远的结局是，生生世世卷入茫茫的汪洋。

再被黑，就停用MSN吧！我是这么想着，因为我相信没有它，朋友都还在。

上瘾

到五台山朝礼文殊菩萨十八天，到云南朝礼鸡足山的大迦叶尊者近一个月，不少人问：“没咖啡，还可以吗？”“没命都无关紧要，咖啡算什么呢？”

年轻时对黑漆漆的咖啡厅没好感，接触咖啡是从当报纸编辑开始的。

往来撰稿的作者都喝咖啡。为了尽待客之道，我开始认真阅读咖啡的身世，咖啡豆的产地、豆子的烘焙程度、煮沸冲泡工具的不同方式，等等，从此与咖啡有过一段“相濡以沫、朝夕相随”的美好时光。

学习磨豆，按下机器，要暂停，再使用，不然豆子会烫伤，煮出来会走味。有经验的咖啡达人如是教导着。

当磨豆时，路过的人也会闻香驻足。冲时，八十五摄氏度的热水注入咖啡粉，那舞动的泡沫，狂野的浓香顿时布满四周。从加糖、奶精到只饮纯黑咖啡，到现在偶尔才会喝杯咖啡，才发现，我与咖啡渐行渐远了。

与其说咖啡令我上瘾，不如说，是我对美的事物无法自拔地上瘾。孩童时，天天带着板凳，坐在外婆家的花园，堕入缤纷魔幻的花雾中，忘了时间，忘了自我，我读着花，花读着我。

《红楼梦》中的贾宝玉最后走进那一片绝寂的雪景中，因为他的心美到连这个世间都难承载了；弘一大师抛却书画，过简肃清贫的生活，那用了再用，破了再破的毛巾，美到连星光都黯然失色。如果跟人们说，是由于向往生命绝美的浪漫，我选择了出家，这样的答案，有被美丽撞击过的人，必能心神意会。

强迫自己去重复某些动作，失去自主性的主导权，谓之“上瘾”。有人不能一日无肉；有人不能一日没有电脑、网络；有人天天看着Facebook，等着别人按赞；有人更是无法独处，身边没人陪会恐慌……这些都已靠近“上瘾”的初发症状了。我曾经开玩笑说，戒毒村收容的不只是吸食毒品的人，还可能是“吸食”网络的重症病人。

未来一直来一直来，我们在一个快转及被推上云端的时代里，也许让我们上瘾的东西，能决定我们未来快乐幸

福的指数。你上瘾吗？何人何事令你不可自拔呢？

如果能选择对什么上瘾，那么我会选择一个宁静的夜晚，一灯如豆，一个人静静地读着、听着《华严经》，一行一行刻入心版。祈愿我生生世世，对学习佛法有着无可救药的“上瘾”。

卷二 我们是幸运的

慈悲

激发出内心的勇猛

点燃心灯

散发光和热

再艰难的路

都有美丽的礼物

等着

我们领取

今天，你浪漫了没？

“满济法师，您这个人太理性了！”

常常有人这么说我。理性的另一面就是感性和浪漫，有一天，我去查字典，要搞清楚何谓浪漫。字典有两则注解浪漫的条目：

一、放肆、怠慢、不积极。

二、富有诗意，充满感性气氛。如：浪漫的诗人、浪漫的夜晚。亦作罗曼蒂克 。

看了这解说，我觉得世上最富诗意的是菩萨。他们行走红尘俗世间，对芸芸众生许下永生永世的承诺。观世音的“千处祈求千处应，苦海常作渡人舟”；地藏王的“众生度尽方证菩提，地狱不空誓不成佛”……我想，这样的情怀，比烛光比星空比花海更撼动人心。

多年前，我写了一篇散文，叫作《我的温柔狗知道》，描述我在佛学院时，看着学长对着狗子，那么至诚恳切地为它诵念三皈依文，那声音何其清净平等，又何其温柔美丽。那一瞬的浪漫，至今仍留存在我的意识中。

浪漫不是轻狂、放肆，也非只是眼见耳闻的声色炫耀，而是一种无求无私无我的大美，如同雨水润泽万物，不择树林小草；如同光洒天地，也不分华厦陋室。

晨起轻声念诵着《入菩萨行论·安忍品》，诵念到“无苦，出离心不生，故心当生坚定解”时明白了，佛法常教人要知苦，离苦，在苦难中安忍不动。苦难是我们的老师，苦难是菩提根芽的养分。菩萨广行布施时，面对千百样的众生，心如月光皎洁，再厚的乌云也挡不住他本具的光明。

“满济法师，这只鸟往生了。”我接过小鸟，第一步是找张干净的纸片帮它栖身。在工作空闲时，觅棵苍苍绿树，为之安葬。居山多年，我掌中躺过无数的小鸟、青蛙、蝙蝠、壁虎……《红楼梦》里的黛玉葬花也许浪漫，但我每回轻撒沙土，为小动物们铺盖树叶的那一刻，除了感叹生命的短促渺小，总是怀着无限的感谢。谢谢你们让我学习菩萨的浪漫，来世，记得，一起来闻法学佛。

今天，你浪漫了没？在微雨中，我安葬了一只意外死亡的小青蛙，路过的同参好奇地询问："喂，在树下挖什么？""没事，在埋一只死去的青蛙。"走在回办公室的路上，罗汉鞋沾满泥泞。回去，扭开水龙头，冲洗卡在指甲里的污垢。

雨，轻轻地在衣上跳舞……我的浪漫，青蛙壁虎都知道。再轮回转世，不论你我以何种面目重逢，祈愿彼此以仁慈之心相待。浪漫，是在人间的悲欢离合里，安然忍之，心不退怯，守护菩萨的誓愿，令一切众生远离恐惧。

今天，你浪漫了没？存一念好心待人，说一句好话激励朋友，做一件好事让世界增添温暖。我想，守护清净，勇敢行善，不侵犯人，护念众生，培养善心美德，这才算是人生绝美的浪漫。

我有一把刀

双周的星期六剃一次头，也因统一剃头，一个团体有了纪律的美感。每逢剃头的星期六清晨，一出房门，往办公室去的路上，能感觉一片整齐的光亮。当年，太虚大师为了兴革佛教，提出教理、教制、教产三大活化佛教生命的运动。呼吁寺庙的管理权应回归僧团自主；佛学的教育应更多元，应因应弘教人世的需求；僧团的制度应以丛林法治，传贤不传子；僧服的颜色、形式应统一，等等。佛门的统一不是威权管理，而是展现纪律的大美。

一九八八年，我申请出家，写的誓愿文仅有两项：不溜单，不还俗。宽容的老师并没为难，成就了我这片凡心的出离。由于没有在寺院参与共修或是其他活动，寺庙、佛教对我而言是完全空白的。会出家，不仅家人、老师、同学跌破眼镜，我自己也始料未及。常有人问起："你怎么会出家？"答案终究是我的。反问你一句"你为何不出家"，想必你不出家的考量有千百种，而我的出家再美再好，又怎能把我的翅膀装在你的身上呢？

落发那日，同学围观，为我们用力地唱剃度法语。

发心出家最吉祥，割爱辞亲离故乡，天龙八部齐夸赞，求证慧命万古长。

落发僧装貌堂堂，忍辱持戒不可忘，时时记住弘佛法，莫叫初心意彷徨。

那歌声虽远扬，但时时犹留存我心，是一股推动我往上飞高飞远的风力。

第一次，老师帮我们落发，给我们新出家的人每人一把剃头刀。出家人称必须有“三把刀”的看家本领：一是菜刀，要能炊煮料理；二是剪刀，要能制裁缝补衣袜；三是剃头刀，要自行剃除须发。前面那两把刀，自惭汗颜，无能为之。幸好剃头，我游刃有余。

落发后，过了半月，是剃头日。拿起刀，感觉似曾相识，不用十分钟，冲洗、清理完毕。水上漂浮的发渣不能冲入马桶，要待之沉淀，用卫生纸包裹好，再置入垃圾桶。

“要不要帮你？”学长在寮房门口轻声地喊着。

“喏，你看，都好了。”我欢欣地露出光洁的头。

“不会吧，你第一次自己剃头？”

“也许，不算是第一次。”

学长心神意会，两个人相视大笑。

手拙无比的我，终于有一把刀可以让我扬眉吐气。自此，一剃二十余年，算算，我剃了超过五百次的头。这把学院老师发的刀，还在我手上，每次举起它，心里总无限感谢。这把刀，让我割除执爱，学习菩萨心无杂质的慈悲与喜舍，让我在世间的每一分钟，抓住觉醒之光，打破混沌暗冥。

“莫作光头俗汉”，这是古来大德警示出家僧人的，切记，外在的须发要剃除，但心里的三千烦恼丝，更要日日修剪、梳理。这把刀，如舟行轻荡，悠悠然，入桃源之径。文殊菩萨有一把慧剑，能斩妖除魔，我尚未修炼到家，只有一把刀伴随，云水天涯，把寂寞蒸馏成甜美的湖泊，人在湖畔，静观人生四季的起落。

我怕，故我在

你怕什么？每个人心里的害怕清单列出来，可能有长长一串。

蟑螂、老鼠、壁虎、青蛙、恐龙……看到的人惊慌落跑，这是显而易见的害怕，还有隐藏在心灵角落的黑影，那些恐惧只有自己知道。

知道怕，要去追寻那个怕，因为专注，那个害怕对你的控制力反而会逐渐减低。印度的悉达多太子也怕，怕人不可能永远青春美好；怕健康安稳不会常在左右；怕怎么快速奔跑，也逃不了死亡的巨掌。因为他怕，所以去追寻，觉者因为害怕而提升，愚者因为害怕，找到不用费力，任其沉沦的借口。

常有信众会问："师父，你们出家后，也会怕吗？"

我们会怕吗？我们就是因为太害怕自己逃不了一场生老病死的轮回，于是我们背离俗世，踏上清寂淡泊的修行之路。怕，不算什么，怕的人，学习在胆怯中正视自己的贪欲、愤怒、愚痴。不怕的人才叫人害怕，他随意随性，只任性而为，对他人的存在完全没感觉。

因为怕，所以，命在旦夕，身如泡沫危脆的我们，不要留下遗憾。

历代的祖师大德，如，青年时的玄奘大师，他愿意踏上荒漠、人骨遍布的西土，宁可以死亡来换取永恒的法宝流传。晚年仍胸怀大志的鉴真大师，六度冒死渡日，十二年漫长等待，十四日海上漂流，艰辛困苦，一心只为建立清净戒坛，为续如来慧命。大师眼盲心明，后人尊他为"传灯大师"，他把戒之明灯，点燃千秋万世。

他们挂念的，他们害怕的，是无量无边的众生陷在生死的苦海，求救无门。慈悲，让他们激发出内心的勇猛，无视于环生的险象。圣者，因为害怕，走向普度众生，

完成自他圆满的求道之路。我们却因为害怕，善行不能坚持，善愿难以牢固，生活在懊悔、迟疑中，像投窗出离不得的蛾蚁。

悉达多因为怕“生老病死”，成就圣者佛陀；祖师大德也由于惧怕“业海茫茫”，求法弘法，散发无限的梦想与热情。你呢，你又怕什么？近年，台湾掀起生死学的新思潮，鼓吹大家集体思考，你到地球的使命、任务为何，死前会遗憾的一百件事，等等，希望大家勇于面对今生的“试卷”，而重考是握有新的机会，让我们圆满当初错过的课题。

当有人问你“你怕什么”时，也许你可以勇敢地说出“我怕搭电梯”。当你可以勇敢地说出心里的害怕，电梯的阴影正渐渐缩小，远去。我怕，故我在。正在向害怕挥手道别的人，才能开口说出他的害怕。

心之初

《华严经》有句话：“初发心，即成无上正觉。”这表示，初初萌发的那颗向道的心，精纯度饱足，也如同人与人之间的初识，那一刻，天空特别蓝，月亮特别圆。人心易变，谁也无法去追回那个“曾几何时”。再香浓的咖啡，隔夜了，温度一降，只能扭开水龙头，任它漂走。

生命中的人，流过来也流过去，如果，有那么一两个人，在你的世界，永远都有初心的美丽，你不只是幸运，而且是幸福的。

在佛学院，我是知宾，接待外请的教课老师。佛学院到底学习什么？佛学的、文学的、哲学的，这些不算什么，最重要的，教导人们打开第三只眼，看透平凡生活隐藏的光芒，还学习关照他人的心思。

由于北海地处偏远，外请的老师，迟到是常有的事，因此，事先要在休息室，把饼干备足，要记住每位老师的身体状况及习惯，有的喜欢加糖有的不加糖。我第一次备办这些点心，像八爪章鱼似的忙乱，口中常常念念有词：今天早上先到山门口接那个老师，阿华田快没了，要拜托库头下山时记得补货。

在佛学院上的第一堂课，不是印度佛教史，不是大乘佛教弘传史，而是，怎么让茶的味道达到甘甜。时间也要算好，让老师入口时温度刚刚好。我在佛学院的第一堂课，是学习时间的等待，冷热的保持，快慢的速度等。你的心里要有个钟表，快一分太快，慢十秒则太慢，你得做到“刚刚好”。

初识梅子老师，是在北海的佛学院。微凉的秋分，山上的芦花似雪。走在绝寂的雪地，师丈，也是教育哲学的授课老师，放梅子老师下车与我漫步上山。一路上，老师总是笑着，轻声谈论着学佛与写诗。初识，却像是久别重逢，老师为我的人生带来一首最美的诗。

老师是位菩萨行者，虔诚礼佛敬佛。那一年，老师在学院的佛堂通宵念佛，烛灯四周结满舍利。早斋后，老师用粉红色的纸片包装舍利，告诉我，这是珍贵的灯花舍利，你好好收藏供养。还没出家的我，天性顽皮，跑到办公室借铁锤，用力地敲击那小小的银白色的舍利。“哇！真的是舍利，都没粉碎啊！”学长知道我离谱的举止，又好气又好笑：“去佛堂跪香，好好忏悔，再把舍利子请到舍利塔。”

年少顽皮的趣闻，一晃过去二十多年了。我与梅子老师，共同拥有的回忆，是快乐的，是美好的。还有老师永远的温柔声音：“满济法师，要多写，别辜负上天赐给你的笔。”上天是否赐下彩笔，我不得而知，只知，这一生，得老师及其他师长、同参道友们的宽厚、照料，才滋长了这畦初心之田。

拥抱，心之初，你会相信，天空是绚烂的，即使眼前乌云密布，雨会来，风会到，风雨过后，一道彩虹会伴你同行。

观音之心

民间流传着，“家家弥陀佛，户户观世音”，可见观世音深得民心。

童年时，家里大厅坐着慈祥的土地公，早晚要上香，每逢农历初二、十六要备办水果祭拜。阁楼上有幅骑龙观音，许是观音散发出静美安详的氛围，摄收住孩童的顽劣，经过观音像时，我们一定会擦擦汗渍，俯身低头，把水果或摘下的野花供在小桌上。

观音就这样陪伴着我的童年，他立于恶浪狂涛之上，那眼眉的无畏广阔，成为我生生世世学习的典范。观世音三十三应化身，他扮演各类的角色，深入不同阶层，是四大菩萨中最具亲民色彩的一位。鱼篮观音的青春少女，

是为度渔村的少年，才现此美貌，以此利钩，令他们入佛智。在云南大理国时代，观音为救大理子民，现老婆子驮巨石，吓阻金兵入侵，让大理国免去一场劫难。

常有人问：“学佛修行要如何起步？”《华严经》言，大悲为道种，众生为花果。心无大悲甘露法水，如何度化众生苦难，如何在世间里成就菩提？慈悲是一切修学佛法的基石，观世音的慈悲是引导众生入佛的知见，让他们认识自我的本性，相信自己具有成佛的能力。

慈悲是洞彻空性之理，所谓“无缘大慈，同体大悲”，是一种平等心的修炼。

“听算命的说，他上辈子是我的恩人，所以，他再坏，我都不能离开他。”

“如果对方有恩于你，你更应协助他改邪归正，而非同流合污，岂可让他一错再错？”

每个人都会迷惑，每个人都需要有人指点迷津，佛法即是明师。佛法教我们“自业自受”，所以要谨言慎行，乃至善护起心动念。佛法教我们“缘起性空”，我们的生命充满无限的可能与希望，放下屠刀亦可成佛。积善改命，好心好缘，你的命运由你自己导演。

观世音的千手千眼最为人们赞颂，因为观音要千处祈求千处应，千手千眼，表示无边的慈悲。观世音到人间是倒驾慈航，经典里记载，他的名号为正法明如来，为不忍众生受轮回生死之苦，愿意入世间，救苦救难。

“妙音观世音，梵音海潮音，胜彼世间音，是故须常念。”这是《妙法莲华经·观世音菩萨·普门品》的偈颂。在世间纷扰不已的杂音里，还有一种声音，来自平等的慈悲，是每个人初始的无染。观音教我们聆听的慈悲，教我们平等的慈悲，教我们洞见眼见耳闻的虚妄，教我们念观音之心，同时也要学习当别人生命中的观世音。

如来之眼

去办公室有两三条路径。今早为了丢垃圾，所以，选的路线是经如来殿的广场，再转入办公室区域。站在广场上，燕声呢喃，仰望天际，天是无边的湛蓝。

这片蓝，似如来的澄清绀目。如《阿弥陀经》的赞偈所言：“阿弥陀佛身金色，相好光明无等伦；白毫宛转五须弥，绀目澄清四大海。”佛之眼如海的蓝，水之清。我们日日悠游于如来之心，行走于如来的世界，却无感无知。

在Facebook上看到某个朋友的留言。

“最近又给人伤了一次，第一次极痛，第二次难过的强度减少了一些。”

“第一次被伤是天真，第二次是识人不明，第三次就应该回头检视自己的心，为什么会吸引伤害你的人来到身边呢？”这人间世恩怨轮转，像沸腾的热水，每个人都想给沸水降温，但一再贪恋火焰，你不把炉具移开，却拼命地扇风，徒费无益。

禅门有简约明示一句“歇即菩提”，可这千百年，有几人领会祖师的慈悲呢？一碗茶喝得妄想纷飞；一夜眠睡，睡得百般思量计较。吃饭睡觉是入手处，但我们不甘于“茶来伸手，饭来张口”的平淡无味，渴望有个神奇的密法，有位高明的上师，为我们灌顶、加持，瞬间消去万劫罪业，即身成佛去。

如果说，歇止心的颠倒梦想是踏上学佛的必经之路，那么，放弃则是我们成道必有的壮志。

佛陀从悉达多，一路走来，是一条“放弃”之路。放弃悉达多尊贵的王位，放弃舒适美好的王子生活。他夜半骑着白马出宫，一路奔往印度的“苦行林”。从此，悉达多从他的心里连根拔去，他彻底放弃了过去的自己。

没有选择放弃的悉达多，就不会有六年后，在金刚座上成道的佛陀。放弃，是一把慧剑，斩断三千烦恼丝，一挥落地。佛陀开悟时说的是："大地众生，每个人都具有如来的智慧与德性，只因妄想执着不能证得。"

走过广场，心有饱满绀青的蓝亮。天有尽，地有边，云也有界限。拥有如来之心的我们，穿过生死的风雨，飞在风之谷云之端，有无边的蓝海，陪伴我们尽情飞翔。

如来的心是我的心，如来飞过的天空也是我的天空。飞在如来的天空，我们应把人间的悲欢离合当成悲智深厚的养分。一个人拥有感谢的心，已能脱离贫穷，渐渐地走向气定神闲的云淡风轻。

如来之眼是慈悲之眼，你我都具足。人间的风风雨雨，谁也不能让它停止，但可以享受雨天的静寂及窗口吹来的微风。坐下来，煮起手边的热茶。然后，静静的，静静的，檐滴暂息，开门去，踏雨寻花……归来时，也无风雨也无晴，满袖的幽香，在空气中，如烟如雾，久久不散。

笑眼看花人自语

庵里总是静静的，静静的……

天微亮，鸟语像波浪涌入我的绿色小窗。

五点半，两长两短的“叩——叩——”“叩叩”，起床板声远而近，近而远。静静的，板声拉开庵里一日的序幕。

刷牙，日复一日，在哗啦啦的水声中流走了年华，如镜花如水月。披戴海青、七衣，转动房门，向昨夜告别。大殿两旁的长廊已站着两单的道友，静候着，脸如静莲。当引磬一响，大家无声地鱼贯踏入佛殿。

我喜欢拜愿。唱念着“南无本师释迦牟尼佛”，声声如海潮入耳，合掌，一瞬间，万千莲华在掌中开放。幽暗的灯火下，从心深处从灵魂底层遥呼着“南无本师释迦牟尼佛”，一字一句地顶礼，八万四千毛孔都在礼赞十方万亿诸佛。

面向西单的阿弥陀佛，那手持的莲华，在天光在梵唱里，散发弥大的香味，是戒香是慧香是心香是佛香……在

人心静静的一念，三千法界十方佛土，霎时互融并存。

夜读《大般若经》，释迦佛在娑婆说法，十方诸佛来慰问，是如诗句般的问候，佛，您辛苦了，身心安康否？人间的众生好度否？这香华这宝盖这璎珞这妙香供呈释迦佛……

离别前，手持莲华的菩萨众，将群花化为天雨缤纷落下，向为五浊恶世度众的佛陀献上最崇高的敬意。

合掌唱诵，礼敬、皈依佛法僧三宝，回向偈像圣河流淌整座殿堂，遍及虚空：慈悲喜舍遍法界，惜福结缘利人天，禅净戒行平等忍，惭愧感恩大愿心……这生命，学习彼此疼惜，相互说谢谢，这人间即为芳香之国。

下殿后，一股暗香不知从何而来。探头一望，白色栏楯下，肥美亮黄的鸡蛋花已悄然蔓延，岩壁是一片黄金海。五月天，风变暖了，厚实绿丛间，爆发出金色花瓣，有一种叛逆决然的烈香，令人不得不驻足凝视。

庵里总是静静的、静静的，细碎如发的走路声，淙淙的洗衣声，扫把与落叶的沙沙轻语。

佛在灵山一笑，那拈下的花枝，今日正在我的心底悄然开放。

从天际的微光中醒来，从重重无尽的鸟语中，揭开一天的序幕。偷得浮生一点清闲，拉开琴袋，拿出棉布擦拭古琴。拨动，那冷冷的七弦，落下的是，流水、明月、清风……听闻纯如初雪静如空山的悠久奥妙，坐着坐着，弹指，忘却千劫流过，生死哀愁。而我恋着弦音，恋着雪花……

庵里总是静静的、静静的……我在岁月的殿堂礼敬过去、现在、未来诸佛，我在尘染里一次又一次把心洗成一朵白莲华。在静静的庵里，把芬芳洒成星河，在夜将醒时，轻轻地、轻轻地绽放……

人成佛现

随着人海，我像颗小水滴，缓慢地加速前进。排队的师兄弟谈论的是一样的话题："不知会领到师父写的哪一张墨宝？"这是前几年举办的海内外徒众讲习上，我在云居楼二楼千人的队伍中，等着，等着……你问我有什么期待吗，就像有人问我："签书的你，有被仰慕的粉丝包围的兴奋心情吗？""一点都没有。只希望为他们写下的三言两语，能给他们一些鼓舞的力量。"从事文字工作，是我生命中最大的意外。文人的浪漫随性与工科出身的我格格不入，学制图的人，一丝不苟，要求分毫不差的准确。让我看到自己具有从事文字工作这项“功能”的是我的师父，他打开我的心眼，让我明白今生的任务与使命。

人海带着我往前，我听到了欢呼声，应该是有人得到的墨宝称心如意吧。大家按照编号顺序领取墨宝，但有人想要预先知道“奖品”，勤快地跑到前台的墙上对照号码，回来，才发现，排队的人数量、顺序又有变化，顿觉白忙一场，不禁呵呵大笑。是你的，就是你的，不是吗？终于等到那一刻，我与墨宝相视：人成佛现！霎时，我的心下着缤纷的花雨，是呀，人成佛现。连人都做不成，正直正派的君子都培植不了，佛明洁如圆月，你污浊的心如何映现佛面？

人成佛现，让我们重回当下的每一分钟。你可曾错过，花朵含笑，阳光微熏，还有身边的人心里的温度？这张师父上人的墨宝，记挂在我的心坎，让我回到现实人间，与所有的人感受忧悲啼哭，宁可失去一切，也要保护好心田的慈悲种子。

“师父，孩子大了，我想要出家。”

“为什么？”

“家庭的繁杂，令人心烦。”

“是什么让你烦？”

昔日恩爱许下共度一生的承诺，何其甜美动人，为何在时间的冲刷下，成为你心里想要推开的石头呢？

有一旅人去朝圣，山路险峻，他望着看不到尽头的路，越走越疲累。忽然看见有个十来岁模样的小男孩朝他走来，脸涨得通红，汗水湿透全身，小手努力挥去滴在眉眼的水渍。旅人看着男孩，很惊讶地问他：“你走了多久的路？”“三个小时了。”“你不累吗？”“只要再走四小时，就回到家了。”旅人看男孩身后竟然还背着一个一两岁的女娃。“山路这么漫长，你还背着小妹妹，你把她放下吧，这样太辛苦了。”小男孩认真地对他说：“我一点都没觉得辛苦，她不重，她是礼物呀，来陪伴我欣赏沿途的风景。”

“她不重，她是我的礼物。”如果我们能有小男孩的观点， 再艰难的长路，背负的也不再是重担而是美丽的礼物。

人成佛现，你心里如果只有自己的存在，再求佛再修福，佛也不会现前的，因为，佛说过，他只是“众中之一”。他随大众入舍卫城次第乞食，他为目盲的阿那律缝衣。他说过，一个人是否高贵，不是看阶级身份，而要看心灵的清净与否，你为众生付出了多少慈悲，为亲友留下什么值得的怀念。

是呀！人成佛现，眼观鼻鼻观心，你闭上双眼，这世界不会因为这样变得平和，唯有每个人点燃心里之光，把光与热散播出去，才能终结这个世界的黑暗。

你遇见了什么

新春期间，后山花园平台旁，简陋的铁皮屋门口，在贩售饮料、汤面、粽子等，方便来山的游客误餐时解决吃饭的问题。过年是寺院的重头戏，全山出家众、义工菩萨总动员，为了因应一天来山超过十万的人，让这么多人可以填饱肚皮。吃饭这个问题考验定力与智慧。

云居楼大斋堂可供应四千人就餐，其他在各个据点随处设立的自助餐、便当、简食，等等，任君挑选。过年在云居楼支援行堂，备办一顿饭是体力耐心的极限挑战。天微亮，团队分工合作，先抵达斋堂的人等，会主动提着水桶开始擦拭桌面，大厅的灯亮起，推车载满空碗，每个人专注排列碗筷，那肃静那端庄的神情，如同膜拜神佛的虔诚。原来，吃饭不单是饱食而已，还深藏一般人看不到的神圣意义。

新春时，佛陀纪念馆的礼敬大厅，车水马龙。茶饮室、超商、星巴克、烘焙房，汉来蔬食、健康酵素、坚果等，任来客思食得食。一番美好的善意，却因有心人曲解，说佛门圣地闹哄哄的。闹哄哄的是谁？不是日夜伴青灯古佛的我们，是川流不息的游客呀！人间佛教普门大开，眼前这些种类繁多的美食，不是为山居静修的我们设立的，是为了适应千万民众日常生活的习惯。纷乱的是我们这颗妄想分别的心，与这些喧哗的外境何干？“本来无一物，何处惹尘埃。”

那日偷得看稿、行堂的空档，从后山的“佛光大道”走到佛馆，一路是参拜的心境。大厅的狮群，要人们深入经藏，住在法中，心无所惧。那温和负重的大白象群，要我们扫去心地污浊。在堪忍的娑婆世界，拥有大象的势力，你才能跨越生命的忧悲啼哭。

走在笔直的成佛大道上，洁净的路面像琉璃水晶的清凉。一进本馆，普陀洛伽山那高大的千手观音，静定地与

我相视。

每每凝视观音，跪拜在地的我，不自觉的，泪海就会翻腾。这样的悸动，不少人都有过吧！因为，大慈大悲的观音听得到众生最深处最难以言喻的苦楚。相信观音，在再黑暗的谷底，远方都有一道光指引我们再向前。

“你不孤单的。”含笑的观音对着海潮般涌进的人们，轻声说着。你怎么会孤单呢？在无量生命的长河里，你遇见过我，我给过你无私的关爱。我让你遇见是要你相信，每一世的旅程，你和我一样，在爱与关怀中学习，然后壮大内在的清净力量。

在佛陀纪念馆，我遇见观音菩萨，仿佛回到了童年，外婆发给小孩每人一张白衣神咒，我低头诵着：“天罗神地罗神，人离难难离身，一切灾殃化为尘……”我问外婆：“那纸面上好看的‘妈妈相’是谁？”外婆说，那是观音妈妈。

你在佛馆遇见了什么呢？是寂静的观音还是嘈杂的人声呢？

我不是猫

说到猫，我对它的观感，是工于心计、手段，懂得讨人欢心。

曾经和一只猫有近距离相处的日子，对猫我是敬如鬼神而远之。

有个义工捡到一只出生不久的幼猫，稍长后，只要师姐到道场服务，那只猫就呈半放养状态，自由奔走。这只小猫长得很漂亮，它自己也略知有几分姿色，四处“咪咪”叫，依偎在人身旁撒娇。忙于报社的编务，不论它如何示好，我从不理会，因为它受到太多人的娇宠了，连走路都颇具名模的架势。

这只小猫给人带来了不少欢乐，每每埋首在文字堆里，我都会听到有人在讨论。

“它今天午睡起来的模样好可爱哦！”

“我喂它猫食，它还会靠近我脚边向我说‘谢谢’。”

果然“猫力四射”，但我铁下心肠，绝不被它的高明手腕所收买。

有位好事者，从人类的思考模式出发，以为它是流浪猫，缺乏同族的亲密，就把家里的猫带来，想要办一次“猫儿同乐会”。出其不意的，这只猫看到另一只猫也同样受到其他人的喜欢，开始对触摸过它的人等，伸出利爪攻击，用咆哮宣告主权。

接连几日，猫怒未息。只要闻见某人身上有异味残存，它就叫嚣。大家觉得生气的猫也增添了几分可爱，而我并不以为然。猫身是堕到了畜生道，愚痴加妒忌，已实可怜，嗔火再烧，可能堕入蛇类，那将是更低的生命层次。

有天午后，结束完一个阶段的阅稿工作，我把猫拉到跟前，猫出奇地安静。

“现在我为你三皈依。皈依佛，不堕地狱；皈依法，不堕饿鬼；皈依僧，不堕畜生。你今生已误入猫身，不要再用娇媚之态换取人类的宠爱，这些爱染会使你更堕落，你要发心做一只学习佛法的善猫。今生受完畜生之报，重回人间，好好学佛、悟道。”

它怎会是猫呢？一刹那，我的眼对着它的眼，我们读懂了彼此的心声。看到猫儿眼角的泪光，我叹了口气，堕入猫界也许不算太坏，但遇到只懂宠爱的主人，把你当

畜生看待，你只能装娇憨扮可爱，在午夜梦回时，你很明白，你不是猫，你是人。

听说台湾北部有个猫城，任收容的流浪猫自由行走。我在心里为猫族祈求，愿每个人走过猫的身边，别忘了，提醒它，它不是猫，它是具有灵性的人。也请为它们轻诵一段咒语或为它们三皈依，唤醒它们的记忆，来世学习做一个自主快乐的人，不再依靠宠爱过活，时时害怕时时讨好。

看见猫，请你一定一定要蹲下来，轻轻地告诉它，它心里希望的爱，都不会消失，因为我们都曾经是爱它的亲人。

我们是幸运的

在《阿含经》里有着这么一段故事。

有一天，佛陀与弟子们行过森林，空气中有着树木的芳香。佛从地上拾起一把树叶，安详地询问弟子："你们看看，是我手中的树叶多，还是大地的树叶多？"弟子回答："世尊，当然是大地的树叶多，人的手掌再大也比不

上大地。”佛陀开示在场的弟子：“我们何其幸运，今生得到人身，珍贵的人身，如我手中仅握的树叶；而无法获得人身的众生，数量如大地无边的树叶。”

佛陀以树叶作为譬喻，提醒世人：我们是幸运的。

学佛的行者，若能时时以“我们是幸运的”为正念，就可放下万缘，把心转到开发觉性上，培养慈悲的大道。关于修行之路，何其深又难，要如何入门？最简易好用的，就是思惟修，所谓的思惟修，即不断去净化转化，培植心灵的高度与观点：世俗以拥有为快乐，佛法以空无为快乐；世俗以追求为目标，佛法以放下为自由。如果说，世俗是消费的资本主义，佛法则是清贫的知足生活，让我们反观，除了金钱，除了物质，我们还剩下什么呢？

古来的祖师大德，一句念死，终生奉行。念死，让人们检定，这一生能带走的是什么，你想留下的是什么。修行者以思惟“暇满人身”作为禅观，这宝贵的人身，让我们今生可以学佛，可以学习生命的经验，并且有机会脱离生死轮回，这人身的载体， 是我们修学五戒圆满获得的福报。

我们是幸运的。

如果你每天细数我们获取的幸运，那么就会明白，我们生于此，是何等地幸运。

我们不在畜生道。沦落到动物界，凡事只凭生物本能生活，意识低等，所做的是满足欲望，心里不存有廉耻与悲悯。

我们不在饿鬼道。到了饿鬼道，会饿到粪屎都吞下去。肚子的饥火不停地燃烧，你只能狂暴地跟众人抢食，不幸的是，辛苦抢到口边的，又立即化为炭火。你哀号痛哭，日夜不间断的饥饿追逐着你。

我们不在地狱界。那里黑暗，光与温暖远离。那里的众生，由于从不愿意施舍慈爱，所以，永处在寒冰、孤独的牢狱中。

我们不在修罗界。那里在斗争，烽火四起。那里的众生，由于眼里只有自己，所以，不容许有超越自己能力的人存在。

我们是幸运的。

眼可见，耳可闻，心可感知生活里美丽的事物。

活在这个世界，从生离死别的悲喜，增长宽容，增长智慧。

活在这个世界，我们呼吸的每一口气，每天安稳的存在，都是许多人赐予我们的。

当你在为自己的人生流泪时，别忘了，你是幸运的，因为，眼泪也是踏上觉悟之路。

回眸如来

床头有张有护贝的文殊菩萨像，日夜伴我，晨禅修晚读经。那菩萨敛目，静如空山，手持经函。他安坐于一片深蓝，指间洒落纯白之花。每每注视他，那花之芳香仿佛飘散开来。

菩萨的面目端严寂美，是持守净戒而来，自我克制欲望，勇敢地布施欢喜与慈悲在人间。祈请文殊加持，非为贪求智慧，不过是凡心恋慕大智菩萨，他们多生历经苦难，成就正等正觉。同时，我也曾礼拜观音，长长的五年光阴，晨起，默诵“大慈大悲广大灵感观世音菩萨”，也只为学习那慈与悲。

去年，我第一次看见“回眸如来”。

山居的朋友向我解释，此如来原作是日本永观堂的“回首弥陀”。一〇八二年二月十五日拂晓，永观律师经行念佛。此时，阿弥陀佛忽然现身前方，与他偕行，且回首对他说：“你走得太慢了！”

挂在屋间的是天津女画家赵雨生女士的作品，如来立于满树绽放的粉樱下，回首凝视慢行的芸芸众生。

细心的朋友，更在二〇一一年的岁末，用“回眸如来”制作笔记本，那一刻，我收到的是如来之心，如繁花盛开。

“师父，每天要忙工作忙小孩，实在找不出时间修行。”

“是呀，每天我们都好忙，忙到被这个忙吃掉整个生活。”我开玩笑地回应。

“但是，如果，我们可以练习，在每一个时刻，回头看看别人和自己，那么再忙，我们的心也可以充满安详与宽容。”

忙着从这里到那里。

孩子、伴侣、同事，他们今天穿了什么颜色的衣服？

开着车，听着电话，看着电视，玩着电脑的你，可曾真正地看见身边的人？

“师父，在职场上，我是完全可以自主的，但在感情上就不行了。”

“很好呀，这是你还没练成的武功，你应该感谢自己这个弱点。”

问世间情为何物，直教生死相许。感情、婚姻的复杂度，也非一个方外人可以理解的。但是，觉性的开展，有助于我们每个人面对生命中不同的课题。问问自己为什么对这个对那个产生了憧憬。如果幸福快乐是建立在爱情或婚姻上的，那么，人为什么会残忍地去伤害，甚至去杀了自己爱的人？如果王子与公主想要过幸福的日子，那么他们要学习的是什么？

当我们怨叹人心的多变，且难以接受快乐的易逝，也许，这“回眸如来”会告诉我们，如果追不到前方的风景，何妨回头，等一等，也许，后面有你从未看到的缤纷世界。

向前的人生只是一半，当我们学习如来的回眸，那么人生才算完整。

人骨入道

翻开禅门的灯录，历代祖师契入心要，有人见桃花，有人听见小贩叫卖，有人撞到床板，有人热茶烫手，有人照见水面身影……开悟似乎不远，但散乱妄想的我们，由于专注用心不足，开悟等同远在天边。

也许入道有百千门径，触目即菩提，但也得息下万缘，转化净化我们的六根。念珠对学佛的人而言，一定不陌生。我的第一串念珠，是不到一百元的廉价东菱玉，春节义卖时随手买下的，日夜伴我默持文殊心咒。直到一位到山上参学的尼泊尔法师，在返回她故乡的前夕，我把念珠送给她。因为，她甚喜这串青色的念珠，每当我将念珠随意置放在办公桌上，她就会戴上，说帮我诵些增加福德的经咒。

慢慢的，看到别人手上五颜六色的念珠，觉得原本只是单纯计数的念珠，竟变成高档的装饰品，本末倒置了，于是手上不再串挂念珠。

因缘不可思议，看到那串灰灰黑黑的念珠，是在尼泊尔的某座寺庙，一位近九十岁僧人的手上。他的随侍翻译者，告诉我，这是“人骨念珠，是用高僧的骨头研制而成的”。奇特的是，那九十岁的僧人眼里有孩童眼眸的澄明无染。而我很清楚地闻到，从念珠散发出的香味，像是花露混着檀木的芬芳。

人骨，让我们警觉人命无常，有一天，你我都要化为白骨，这一生所为何来？人骨是让我们入道，学道，然后

悟道的。

这段十多年前的往事，我记忆犹新。饭食可以明心，人骨可以入道，佛法的伟大，就在那些细小的生活里，都含藏如来的密意。

“师父，我怕黑，怕一个人，我需要有人陪。”

我在心里叹了一口气，没有黑夜怎能显现出美丽的星空呢？每个人的心里都住着不想长大的小男孩小女生，所以，渴望着伴侣去扮演强壮的父亲，温柔的母亲，永远疼爱自己，永远原谅自己。

“应该谢谢你现在的害怕，让你事先学习面对死亡。每个人离开人间，都是一个人，不会有人陪伴的。每个人都需要学习‘随时放下’，因为每天都有死亡，明天不是每个人都可以拥有的。”

只喜欢一个人的人太自我，等经历岁月的风霜，你会明白，一切是相互依存的，你的生活你的工作你的世界，都不可能一个人。我们必须依赖别人或寻求协助，同时也学习让自己壮大，去成为别人可靠的支柱。

当你怕黑时，请想想，在怕什么？怕鬼怕妖怪？如果你懂得人心，会看到，自己的心里也住着魅影，你并没有自己想象的善良。

当你怕孤单时，想想那串人骨念珠，鬼是已死之人，我们也不过是未死之鬼。人骨可入道，我相信怕黑怕鬼的朋友，一定也有得度的因缘，可以照见五蕴皆空，度尽一切苦厄。

自家宝藏

每天傍晚例行到后山花园经行，远望佛光塔矗立在佛馆的入口，到黄昏，人车依旧潮涌往来，不知万千游人礼佛时，可曾照见自己本具的佛心？行至花园的秋千走廊，再向左望去，是金色的佛光大佛安坐青青山林之中。

那日，惊见山上的桃花开了，试种两年的树苗，终于有花朵绽放枝头。第一次近距离赏花，发现“人比花娇”这句话，应改为“花比人娇”。因为，花的娇嫩是出尘，浑然天成，人的皮相再漂亮，终免不了比较与妒意。

手机拍下那枝头的花姿传送出去，不久得到的回应是：“你去阿里山哦？好美的桃花，有这么好的心情去赏花！”

“我在山上呀！”

“山上有桃花？”

“有的，就在后山花园区。”

“哇，果真是自家宝藏不知。”

“不知自家宝藏”，人呀人，日日共佛起，夜夜伴佛眠，却万水千山踏破岭头云，苦苦寻佛。

《法华经》的“衣裹明珠”喻，那乞儿，孤寒无依，奔波劳顿，无可栖身，却不知破衫里有颗光芒四射的宝珠，富可倾城。站在桃树下，粉红的清香如雨丝纷落，今日赏花人，他年枯骨一堆。

回办公室，磨字钻纸，在十五英寸的视窗中，岁月流去，如《楞严经》中佛陀对阿难说法：你往水面照照你的脸，七岁、十七岁，有过的相貌，如这瞬息千变的波动，而你脚下的波浪，前水与后水交错，前后于刹那升沉、生灭。一弹指，一劫消融；一瞬间，千生已过。

我们若有阿难尊者的几分灵慧，当领悟，是心为王，是心成佛堕魔。处于浊世，心不昏厥，意念明朗，宁可安忍苦难的醒悟，也不追求麻木的欢乐。年近半百，时有老病的电话、电子邮件等等，“师父，我下星期二进开刀房，割掉肿瘤。请师父，为我祈福。”僧情确不比俗情浓，当他们有病有难，伴侣、儿女亲眷都抚平不了他们惶恐的心情，唯有信仰，让他们漂浮的心找到停靠的港湾。

药师佛处东方净琉璃世界，佛的所愿是，祈请一切众生，身无病苦，心常安乐。一切诸佛皆愿众生无苦无病，这无苦无病，佛的加持是助缘，人的修持才是主力。病苦来临才会深刻体会佛法的慈悲。你有多痛有多苦，你有多难以忍受，也等于是一面镜子，照出我们往昔加诸他人的伤害有多残酷、多邪恶。

“师父，这么多的经藏，我们要从何学起呢？”

“深信因果。”

如果我们深信因果，就会小善勇为，小恶戒除。如果我们深信因果，就不会怨天尤人，贪爱五欲苦海，心向外求，如怀有明珠的乞儿，愚痴地不知本是富贵人家。

“身如琉璃，心无瑕秽。”我向佛祈求，生生世世如佛。我也向佛祈求，愿一切众生，回头是岸，寻回自家宝藏。

施食

二十多年前就读佛学院时，有两件事，是我十分喜欢的。

一是，星期一放香，在雨雾里散步。学院地处石门山区，秋冬的天空日日灰蒙。年少的我，按捺不住山居的寂寥，只要放香，就往山区不择东西地行走。第二件事，是我喜欢当值施食的侍者。

刚进学院时，晚课后，都有大蒙山施食的仪式。原本有三五人轮值，后来，不知何故，只剩一两人专职负责，我是其中一个。蒙山施食缘于宋朝的不动法师，不动法师居住在四川的蒙山，为了普济六道众生，收集瑜伽焰口及密宗诸部，辑成蒙山施食，作为禅门日诵。近代的兴慈大师，极力提倡蒙山施食，并为其说法，使其流传开来，演变成今日寺院晚课后的大蒙山施食。

我不喜欢高谈灵异，但相信一切佛法在恭敬中求。在蒙山施食的时候，我的心态是戒慎恐惧。不论功课多忙，我一定先到佛堂，检查米粒，并叮咛香灯同学，为了保持米粒的完整，上殿前才将其置入乳海（为铜制佛具，意为借由佛身咒文之加持，容受佛智水乳，以此广济幽冥众生），使其不被水分浸濡碎裂。有一次，我和学长学敲打法器，来不及到佛堂巡看。晚课后，学长司法器，我施食。仪式进行至最后阶段，到施食台，正当要摆放七粒米，才发现七粒粉碎成了十多粒。霎时，有些慌乱，结着手印，念着咒语的我，都快哭出来了，我怕他们没吃饱。

安板养息，睡下后，感觉有不少人大力地拉着棉被，我闭着眼，心里并不害怕，是入夜不到十摄氏度的低温，让我抗拒离开被窝的暖气。

“拜托，拜托，你们自己去买消夜填饱肚子吧，我明天要四点起床。”幼稚的我，和他们讨价还价。终究抵不过他们的哀求，我翻身下床，跑去请老师和我到佛堂，再做一次施食后，方才平息了这段夜半惊奇事件。

同学、学长都说，“你八字高，那些鬼怪幽灵怕你三分。”我不知自己的八字高或低，向来只知“正心诚意”，何有恐惧。施食的对象为幽冥界众生，他们因为过去生所造的罪恶，感得形貌丑恶、饮食缺乏，承受身心折磨之苦。我想，最受益的施食者，可以从中培养悲悯的大悲心，同时更加珍惜人身，激励自己精进修持。

饿鬼众生需要施食得以饱足，我们每天的生活也离不开吃饭。在山里，每天在云居楼过堂，当供养咒唱诵到“三德六味，供佛及僧，法界有情，普同供养……”我依然感动莫名。煮食与受食者皆要符合轻饮、洁净、如法这三德，才能从外在的酸、甜、苦、辣、咸、淡中，调伏生活的各种滋味。

一顿饭，当思来之不易，不论你是在寺院过堂还是路边的小摊用餐，粒粒是汗水，咬下的菜叶，片片都有如来密意。平等，是佛门最神圣伟大之处，所谓“上供十方佛，中奉诸圣贤，下及六道品，等施无差别”。施食供养者，心怀生佛同体，圣凡无别。

悠悠时光，数十年如一瞬之焰。“汝等鬼神众，我今施汝供，此食遍十方，一切鬼神共。愿以此功德，普及于一切，施食与鬼神，皆共成佛道。”这些施食的话语，如我心爱的花海，岁岁年年绽放在心田间。

哭点

多年前读过一本书，叫《听眼泪说话》，阐述眼泪背后诉说的是什么，男性与女性的眼泪语言有什么不同。借解读眼泪的语言，探索当自己和别人流泪时，要如何回应。透过聆听眼泪无声的言语，分享分担世间最亲密的情感与哀伤。

人为什么会流泪？许是悲欢离合的氛围撼动了心灵，来不及接手的狂喜或失落，使我们以眼泪释放那颗心的爱与愁。每一次的“哭点”后面，必定有动人的故事，这些章节写成我们完整的一生。记忆中，我是一个很少哭的小孩。但母亲说，我长到七个月时，不知何故，哭了三个月。直到近一岁时，脚踩到地面，像小鸟发现翅膀，让我走出了一个新的天地。从此，即使跌得头破血流，鲜血满脸，不惊不哭不闹，平静地擦洗后，再重回游戏圈。

长大后，看着同学、同事看电视、电影时，痛快地掉泪，不哭的我，杵在现场，手足无措，感觉像个外星人被众人好奇地检视。出家后，更不哭了。参加告别式时，在佛号里，偶尔听见家属的饮泣声，心情也难免会随之起伏。我的父亲、我的小妹火化时，坐在厅堂等候的我，像立在茫茫雪中，走着，走着，走到人和路都不见了。

人的悲伤真的只能用眼泪的重量来计算吗？我一直深深地思考着。

理性的人是否注定被多数人排斥？找不到哭点的人，你的冷血与安静总让多数人感到不安。直到，我看到这一则美丽的故事，对于眼泪，有了更高度的审视。

绿度母是观音菩萨的化身。她的名字，有瞳子、救度、星辰等含义。她是观音菩萨因悲念一切众生不肯回头、造业受苦，伤心时掉下的眼泪的变化之身 。

她坐在白色的莲座上，左手持盛开着的莲花，莲花上又有两朵莲花，一朵未开，一朵半开，宣示着她未来、现在、过去三世将依止救度众生的誓愿而行。

觉者的泪珠可以开出洁白的莲海，菩萨的伤心是悲悯，众生的伤心是沉没在求不得的欲望里，不肯出离火宅。

“师父，那个什么剧的女主角，好可怜哦。”

“最可怜的不是女主角，是我们。”

“为什么？”

“因为，再长的戏都会下档，但我们生生世世都上演相同的戏码，斗与争，爱与憎，停不了也走不了。”

下次，当你的眼泪掉下来时，请听眼泪说话，也不妨问问自己，为谁欢喜为谁悲。每个人的哭点不同，就像每朵花的色泽香味也不同，推开触动你哭点的门窗，去发现去探索那个千变万化的自己。

卷三 圣境之锁匙

哭，串起生命的历程

笑，笑开人间愁苦

爱与慈悲

宽恕与洞见

是万里飞翔的翅膀

记忆中的星球

有人说，地球是一所学校，每个人投胎到此，有不同的要学习的生命课题。有人来学习宽恕，有人来学习责任，有人来学习爱，有人来学习自制，有人来学习放手……不同的学习课题，呈现的是，每个人心灵幽微处最难以割舍最难以面对的噩梦地带。

宇宙中，除行星之外，还有无量无数的星球体存在。佛经所说的，三十三天，天上人间到底有何不同呢？佛陀曾经飞越地球去忉利天为母说法，留给世人一部报恩的《地藏经》。佛走过千生万劫生离死别的泪海，他知思念的心如盘缠的爱结，为了抚慰世人的忧伤，佛到了另一个星球，安然微笑，为我们细说从前。地狱之所，火汤铁树，皆是人心所造的。善心可造天堂，恶念顿时化为浇不灭的火焰。

多年前，我读过一本书，叫《看见真相的男孩》。一位英国的小男孩从小具有灵视的超能力，身边还有所谓的高层次天界的老师为他解惑。书里有两则故事与对话，令我至今仍印象深刻。

小男孩的特殊能力被视为着魔及有幻觉，母亲安排他到乡间的修道院疗养。男孩看到一位神父，心里感到纳闷：为什么神父身上是灰灰的，没有一点光亮？夜里，他询问那些神奇的老师。

“神父不是圣母爱的化身吗？为什么他身上却是暗的？”

“因为，他多生都以修道院为逃避的场所，有圣袍却没有圣洁无私的心，灵魂就失去光彩了。”

小男孩长大了，喜欢上一个女孩，没多久就结婚了。这场婚姻，充满争吵的痛苦，他花了十年才终止这场不堪的折磨。

“为什么，当初你们不事先告诫我，别和她结婚，那我就不用受这十年的难了。”

“即使你具有超能力，也不等于你可以掌控一切。而且这并不是灾难而是美好的礼物，是让你深刻理解，要用心灵之眼去看待生命中的每一个事件。”

佛经里记载，居住在天界的人们，天衣无缝，飞行自在，快乐无愁。天界的人呀，不像欲界的凡夫，需要强

烈的感官刺激来满足，心里的饥渴永不止息，在爱恨一念间，血染情海，自残毁人。天界的人，执手即喜乐无尽，相视含笑可相守千年，这样的星球，你我可曾有记忆？

地球原是一片汪洋，蓝蓝的水流。居住在光音天的人们，原先是来探访这个蓝色星球的，但某些人贪食五谷的美味，继而攻掠侵占土地，想要长治久安。贪婪的心让晶亮的翅膀变成四肢，光体臃肿成为肉身，披搭的天衣剥落，再也飞不回那记忆中的星球了。

法国的小王子到地球学习后重返他的B612星球，继续照顾他的玫瑰花和两座活火山。其他的小王子从光音天来后，落入凡尘，在地球之旅中学习生老病死，体验忧悲苦恼，但那颗光彩四射的星球仍在记忆的底层旋转着。

如果你曾驻足街角，看见卖玉兰花的婆婆，闪过那一瞬的善念；如果你对远方的饥饿有过一刻的动容；如果你听到救护车呼啸的轮转，感悟你未必还有明天；如果你走过寺院，耳闻那钟声，不落别处，阵阵落入你那柔软的心坎间；如果你曾经在夜半无语时，思及“生从何来，死往何处”，那么，爱与慈悲，宽恕与洞见，将复活那萎缩的翅膀。记忆中的星球，爆开成朵朵大白莲华，分布在你生命的河流中。洁净之光重回你我身边，你会发现，我们一

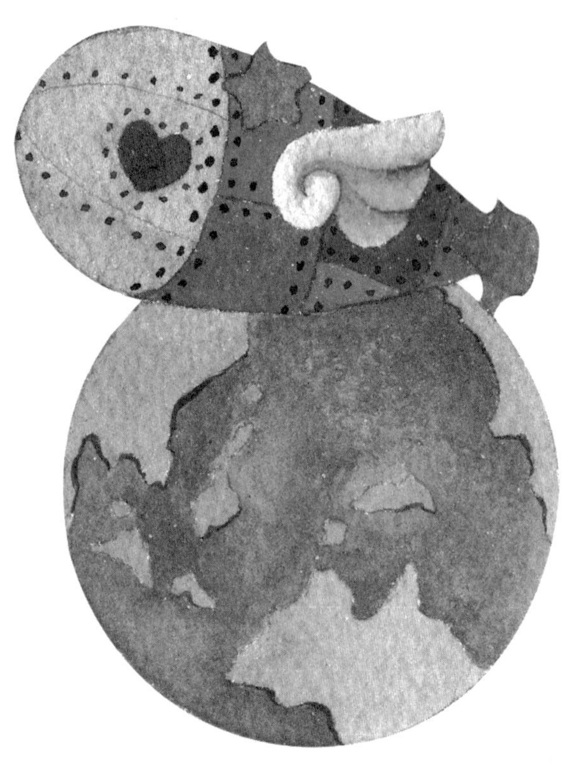

直都在金色的星球上，美好的往事，花香的记忆，在过去现在未来，从未离散……

一样布袋，两样心情

都市的人，居住的空间愈来愈小，笑容也愈来愈少。

有次在巷口，我在等候一杯咖啡的空档，坐下来和卖咖啡的老板娘闲聊，半小时，我读取了她大半生的沧桑史。她多年前罹癌，在鬼门关前走了一回，目前与孩子住同一栋楼的不同楼层，年轻的媳妇对她上楼协助打点家事的好意毫不领情，媳妇认为她这是侵犯个人生活的隐私权。

“你就放手，给予媳妇个人的空间。”

“师父，我是为她好呀！”

“你当一个年轻人喜欢接近的朋友，而不是当他们的交通警察。”

拿铁咖啡浓淡相宜。人间不难，难的是我们的执着：坚持自己是正确的，所做的都是为对方好的。谁喜欢生活被人主宰呢？谁都讨厌有个人像个长官随时对我们发号施令。家家那本难念的经，其实可以念得愉悦，念得舒舒服服的。

“你学佛修行，学什么？世界还不是一样地乱？”常有刚入门的朋友这么质疑着。

“学习把碗筷摆放平整；学习把纱门拉出水流的细声；学习举手投足，如雁行轻灵；更要学习六根清净，不让一尘染着我心。”

地球因为人心的贪婪将提早走向毁灭，但我相信，世界也会由于每个人的心安静下来，变得安静、温暖、光明。

有进出寺庙经验的人会发现，山门口，有尊笑佛弥勒迎人；斋堂中间，供奉着露出圆肚的弥勒佛，他眉开眼笑陪伴着我们饱食三餐。

这么一个人，是真实存在过的，他是布袋和尚，圆寂后，被后人认定为弥勒佛在人间行化。他天天笑呵呵地背着布袋，走过热闹的市集，向人们吟诵着醒世的诗偈。千年后，他又走回每一个清静的寺院，像天空守护着云朵，像大海守护鱼群，像黑夜守护星星，用笑声守护着每一个抛下凡俗的行者。

他肚皮大大的，背着一个布袋四处行走，行止轻狂，

语无伦次，表现出的形象完全颠覆传统的肃穆的修行人。最神奇的是他的“百宝乾坤袋”，伸手一抓，可以变化出孩童喜欢的零食，因此，其貌不扬的布袋和尚，甚得小孩的欢心。这样的人，眼中的世界，必定与凡俗不同。

传说某年冬季，他卧在雪地里一夜，不但没有冻死，反而片雪不沾身。

布袋和尚随缘度化，有次在接受农夫的供养后，为他说法：

手把青秧插满田，
低头便见水中天；
六根清净方为道，
退步原来是向前。

这个片雪不沾身的奇人告诉我们，低头才能见到无际的水天一色。一尘不染的身心，得要明白，放下心里的计较分别，退步才能获得向前的人生。

和尚望向那些熙来攘往的人群，人海茫茫，也只有忙碌的两艘船只为名与利在忙。他感叹地留下一偈：

趣利求名空自忙，

利名二字陷人坑；

心急返照娘生面，

一片灵心是觉皇。

名利之坑埋葬了多少英雄好汉？至今，人们仍然在名利场中，热热闹闹地奔走着。

“师父，久病的阿公，要怎样叫他念佛？”

佛不是不度无缘之人，是人不向佛靠近呀！佛是觉者，念佛是要从混沌的世俗觉醒过来。身患重病了，死神随时招手，但仍放不下亲眷、财产、地位，等等，双手紧抓着，如何让佛手接引呢？

孤身游万里的布袋和尚，用笑声传达慈悲与智慧，他的布袋是“无挂碍的虚空”，众生心里背的布袋是“焚烧的欲念火宅”。一样的布袋，两样心情。弥勒化身的布袋和尚修慈心三昧，你骂他不回言，打他不还手，留给世人一首忍耐偈：

有人骂老拙，老拙只说好；

有人打老拙，老拙自睡倒。

涕唾在脸上，随他自干了；

我也省力气，他也少烦恼。

这样波罗蜜，便是妙中宝；

若知这消息，何愁道不了。

进山门，弥勒一笑，笑开人间悲愁；入斋堂，布袋和尚端坐中间，提醒你，电光石火，蜗牛角上，争个什么？笑一笑，天清地明，只要你肯歇止心里的贪火，人间无处不净土呀。弥勒佛的笑声至今还回荡着，落在弥勒脚下的雪花，告诉我们，那圣境的绝美，来自洞见世间的虚假，唤醒了迷失的灵魂，在回家的路上，那个一尘不染的自己，正一步一步向我们走来。

圣境之锁匙

偶像剧的男女主角之所以能冲收视率，关键点在于哭功的厉害，他们得有本领让全国观众在同一时间，拿起手帕或卫生纸拭泪。

哭，串联整个生命的历程。从到人间的第一声啼哭到死亡前的悔恨之泪，泪光闪闪的人们，每颗眼泪都记载着那一刻的恩怨悲欢。

在佛门里有个人因为哭，改写了佛教的发展史，他的哭惊动了天龙八部、鬼神精灵，促使佛陀的言说法教流传至今。那个人，就是出生印度王族的阿难尊者，有着青莲之目，满月之相，世人称誉他："佛法如大海，流入阿难心。"那位纯洁良善的阿难尊者。

关于阿难尊者，最被世人记忆的是他与摩登伽女的爱情故事。印象中的阿难，具有温柔和善的心肠，同时也由于他的外貌庄严，常有女性主动示好。桃花运，对一个修道人，不是幸福而是灾难。

每当我翻阅佛弟子传，读到阿难尊者的事迹，不仅为他轻叹，还为他喊冤。不过是托钵时，口渴讨水喝，就引来这样的"风波"。昔日，如果摩登伽女真的施用法术得到了阿难，爱情还是不会为她停驻的，因为爱情与死亡是无法用任何法力去掌控的。情爱如风，有谁能抓住风呢？死亡如黑幕，谁能阻挡夜的来临呢？

我眼里的阿难尊者是勇敢无畏的。为什么？因为他的两次流泪。

世上最富诗意的是菩萨。他们行走在红尘俗世间，对芸芸众生许下永生永世的承诺。这样的情怀，比烛光比星空比花海更撼动人心。

佛馆巡礼，是朝圣是省思，是用你的双脚深深地去觉照去印证，佛不在灵山，在你的心中。

拥抱，心之初，你会相信，天空是绚烂的，即使眼前乌云密布，雨会来，风会到，风雨过后，一道彩虹会伴你同行。

喝茶从解渴到意含禅机，不过一掌浅浅的茶汤，并没那么复杂，而是禅门提醒我们这颗麻木的心，要在清淡的茶汤中，喝出非凡的独秀。

第一次，他为佛陀的姨母以及释迦族女五百人，跪求佛陀，答应她们的出家。那五百王女跋涉千山万水，不断地祈求佛收容她们出家。佛顾念印度的传统种姓制度，那些王族女生活优渥，怎么受得了餐风饮露的刻苦？加上女人的柔弱心性，习惯依附男众，恐怕会埋下僧团的事端。慈悲的佛陀，严峻地拒绝。一千二百五十弟子，无人敢违逆佛的决定。只有阿难从众中起，长跪合掌，为王族女表明出家的心意。

“世尊，觉悟的心性不分男女，女性应该拥有与男性一样出家学道的权利。请佛陀慈悲应许……”

阿难扑地落泪，那哭声是大慈大悲大雄大力，他为的不是自己，而是看到了女性身处于社会的弱势，同时他也看到了佛性的平等。

第二次，阿难流泪，是佛陀入灭后，大迦叶召集五百罗汉要结集经典。阿难被摒除于名单外，因为他未证得四果。终生侍佛，记忆无一点错失的他，想要尽绵薄之力，但严正的大迦叶不准他参与。为了报佛恩，阿难第二次流下的是痛心疾首的懊悔之泪，恨自己只博闻强记，没认真实修佛陀的教法。痛哭后的阿难一心要证果，以取得结集佛典的资格。

最后一刻，哭到极度疲倦的阿难，头一枕床沿，霎时，万念俱泯，顿时证入四果。

两次泪流，带来的是阿难尊者个人及教团的胜利。

谁说，哭泣是弱者的行为？有一个人哭了两次，获得万万千千人的注目、仰望。

眼泪也可以是打开圣境之锁匙，也可以成为流传千古的美丽传说。

拔箭吧

过了秋分，山里的气温明显降低，原本眠时只需一条毛巾，现在得用薄毯暖身。四季依序进退，海洋循着月圆月缺起落，唯一难以测知的是人的心情气候。

入秋，按惯例捧请《八十华严经》，一字一句滴入意识之蓝海，让佛陀如华之香严的言教，洗尽尘垢昏昧，让生活透出一点明光。在卷十二的《如来名号品》中说，如来的名号有：无净、离尘、寂静、离众恶、无量宝、乐大施、集善根、常喜乐、性清净、世解脱、现光明、庄严盖、心不动……如来之名含如来之德相。人们只要择一项用心学习，无净即能寂静喜乐，性清净即可从世俗中脱身，心不动，常能聚集善根，这些名号，是我们日常可应用的修持科目。

“师父，我要如何教好我的小孩？”

我想，身教重于言教。如果一个妈妈是势利的，拿孩子的成绩、才艺当成炫耀品，孩子学习到的是虚荣、浮华，他如何学到平实平等的生命哲理呢？

孩子不难教，难的是大人要调伏平息心中的贪嗔痴。孩子要管要教要带领，但父母应省思，自己的心有几分澄清与淡定，如实照见孩子的各项面貌。孩子是鹿是马是狮虎，应用不同的驯养方式来调教。是马你当虎，要求他勇猛，是虎你当鹿，希望他温和，违逆天性的教养，往往是未来悲剧的起因。

拜佛的人，求佛赐予健康、金钱、地位、功名、爱情、家庭和谐……极少人向佛祈求开启智慧。有了健康，没有智慧，可能通宵玩乐；拥有金钱，没有智慧，只会用消费去填满精神的空虚；有了地位、功名，在名利场中争得你死我活，无一刻安定；有了爱情、婚姻，谁也难保百年长好。但如果我们拥有了智慧，在有无之间，皆可活得

富足恬淡，无所恐惧。

佛陀曾经用一支箭的故事，告诉我们，人的无知。

有一个人身中毒箭，很痛苦，旁边的亲人为他找了一个专门解毒的医生。

“拔箭之前，我要先知道，射箭的人，他的姓名？他长得高、矮、胖、瘦？肤色如何？又是哪一个种姓的？他家住在哪里？弓箭的材料是什么？制造弓箭的工匠又是何方人物？等解开这些疑惑，找到伤害我的人，再开始治疗吧。”

看了这个故事，我们会觉得这位身中毒箭者很可笑，其实，我们常常是这故事中可笑的中箭者。

“为什么我先生要找那个女人，她几岁，做什么工作，有比我漂亮吗？”

“为什么猪头主管老是找我麻烦，看我不顺眼，他是哪里有毛病？”

为什么？为什么？我们愚痴地往外寻求答案，却从未“往内观看”。婚姻有第三者，表示婚姻有破绽，应思考如何去亡羊补牢；工作遇到障碍时，要回头检讨工作态度与能力。问题出在自己身上，答案必然也在自己身上。

谁都难免会“中箭”，别把时间花在怨恨及探讨射箭者的身上。我们要学习及时拔箭及时疗伤，这样你才能够救回自己的人生。

听眼泪说法

世上流泪的人多，原因可能是失恋、失婚、失业，等等，离不开一个“失”字，而这个“失”让一个人萎靡不振，自哀自怜，忘了你有能力“失而复得”。失去的痛苦，不在失去的那个东西本身，是想控制你想控制的局面，想保持你想保持的现状，才导致痛苦的如影相随。

记忆里，几乎搜寻不到我哭泣的画面。小时候，光脚奔跑，路上的铁钉扎进脚底，很痛，我跑回家，用木屐敲打钉子，然后抓住钉子的圆头，拔出，挤压黑血，随后立即飞奔到游乐场，继续在天空白云下追逐嬉闹。痛不痛？当然痛，但我只想快快回到那个快乐现场，没时间去哀悼伤痛。

这样叫勇敢吗？我没想过，因为从未想逞强当个斗士或勇士。

说起哭，佛教经典中有位最会哭的人，叫常啼菩萨，他整整哭了七天七夜。

在宣说般若思想的大会上，佛对解空第一的须菩提尊者，讲了常啼菩萨的故事。

久远劫前，常啼菩萨为求般若波罗蜜多，连命都可舍去，但是他不知道到哪里能求得。由于他诚心所感，天神在空中现身说："善男子！你要修学般若法门吗？从此向东方走去便可满你所愿。不过，你在路上行走时，要不辞疲倦，莫念睡眠，莫思饮食，莫想昼夜，莫恐寒热，不动色受想行识，远离一切名闻利养……"

常啼菩萨走了许久，他忽然想到，东方那么广阔，要走到何时才能遇到圣者呢？

常啼菩萨想到这里，茫茫然的，不禁仰天啼泣起来，一直哭泣了七天七夜。

有一尊化佛怜悯他求法若渴，现身到他面前，用赞许和勉励的口吻对他说："善男子！我指引你求法之路。从此向东，有一国名'妙香'，其国没有国王，人民的精神领导者，就是善说般若的法涌菩萨，你赶快到妙香城去求法吧！"

常啼菩萨为了供养法涌菩萨，决定卖身，施舍所得的钱财。

天帝释化身婆罗门下凡来试探他的诚心。

“你为何站在这里哭泣？”

常啼告以卖身的经过。婆罗门听了以后说：“我要祀天，须用人血、人髓、人心为供品，你能卖给我吗？”

常啼闻听，欢喜有了买主，即出利刃刺进自己的左臂，又破骨出髓。正要剖腹取心时，一位高贵的少女，阻止了他的行动，并了解了他为了供养法涌菩萨愿意卖命舍身的经过。

这位少女欢喜合掌说：“大士一片真心，世为稀有，勿取心害命。我家富有，所需供具，不论珍财、花香、璎珞、车乘、衣服等，尽当赠予，你莫愁忧。”

这时，天帝释恢复了原形，把常啼菩萨的身体也复原如故，并赞叹其求法之诚。

佛陀以常啼的热泪鲜血骨髓具体地演说般若妙法，空性不是在玄谈冥想中，你得用双脚踩着坚实的大地，愿意倾洒你的眼你的心你的血你的髓，心空时，世界才为你拥有，出血时，沉没心里的白莲才能绽放。

初冬时分，翻开《大般若经》，我听见常啼菩萨用眼泪说法。

后来呢？

构思了十年，花三个月完成了《小王子流浪记》，虽然是薄薄的一本小书。偶尔听见有人还在读“小王子”，心中仍有像花朵含苞等待怒放的悸动。

写了“小王子”，大家把我当成“小王子”。写了“小王子”，大家爱问“后来呢”，频频关心书中的主角的去处。

是呀，后来呢？

后来，我进了佛学院，四个月后，落发出家。出家那个夜晚，我坐在北海佛学院的金刚台上，凉风习习，天上弯月如钩。那一袭僧衣盛满月光涛声，抗拒出家的我，终于疲倦了，当发丝落地时，心清如碧潭，映现着，渺小的生命在渴望奔向一个无垠的青天。那夜，我在金刚台上睡着了，像风依偎着草原，像星恋着暮色……忆起年少时，读《红楼梦》，贾宝玉与无边无际的白雪融成一体，这颗轻狂痴爱的顽石，终究看破情爱的虚拟，看到富贵如镜影。比起宝玉，我是幸运的，不需要经历那么幽暗的路途，就看到这片雪景。

后来呢？

最远最近的后来，是你我都必须面对死亡的结局。佛陀在悉达多的后来，由于游四城门，看到老、病、死的真貌，回宫后，悉达多已不是王子，而已经转换成一个渴求终究答案的行者。

后来，悉达多骑白马出城，脱下王子的华服宝冠，走向修行的森林。再后来，悉达多悟道了，成为佛陀。这是悉达多的后来，那么，我们的后来呢？贪婪愚痴依旧，啼哭热恼依旧，谁能许我们一个圆满的后来呢？

有部韩片叫《心脏跳动》，剧情很简单，一个母亲为了她的女儿做心脏移植，昧着良知把还有一口气的妇人带往手术室。她认为她没有做错什么，因为所有的母亲都会这样做。这位母亲的告白，让我感觉真的很恐怖。佛陀时代也有“鬼子母”的故事，在自己小孩面前慈爱无比的罗刹女，每天都到舍卫城抓人家的小孩，活活吞食。佛陀为了让她看到自己，抓了一个她最爱的孩子，藏在钵里。鬼子母号啕大哭，神志错乱。佛陀和她的对话，是显现人性自私愚痴最经典的对话。

“慈悲的佛呀，请您把我的小孩还我，我愿意做任何事，只要我的小孩重回我的身边，我什么都可以做。”

“你有五百个孩子，也才失去一个，又何妨呢？”

“佛呀，我的五百个小孩，每一个都像我的手指，一个，我也不能失去。”

“你失去一个就这么痛苦，别人家最多也只有三五个孩子，你怎没想过你把人家的小孩当食物，那些母亲心里的痛苦与悲伤呢？”

“佛呀，我错了。我愿意接受您的处罚，只要您把我的孩子还我。”

“从今以后，你要誓愿守护天下的孩子如你的孩子，不可再有伤害的举动。”

如果你要一个圆满清净喜乐的后来，那么请你把遇见的每个人，都当成你的小孩守护，当成佛敬重。就算他们显现出某些恶质，你也要清楚，他们是来帮助你变得更勇壮的，同时也让你更坚信，菩萨柔美纯净的面貌，是宽容，是理解众生的恐惧。

后来呢？你的后来，由你自己导演。

问问风，问问铃吧！

从秋分到立冬，山里终于下起第一场雨了。

眠梦里，白纱窗帘下的贝壳，沙沙地作响。风声雨声，沉睡的肢体也觉知到冬夜的冰冷，冬天真的来了。

落雨的时候，人行到山上每一个区域，入门处的圆筒里都置放着五彩缤纷的伞枝。每到雨天，走着走着，开着六个洞的罗汉鞋盛满水滴，我就会想起，很久很久以前，读过的那则故事。

有个年轻人，一直找寻生命的意义。

他四处旅行，问过不同的人，他们给的答案，他都觉得不满意。

老师对他说："身为一个教师，传授知识是我的责任，因为知识是一种推动文明的力量。"

那么，种田的农夫，他大字不识，他一样可以让稻米成熟，这不也是他拥有的知识吗？

建筑师对他说："住者有其屋，我建盖的屋子，让别

人遮风避雨，得到安稳快乐。”

云水的旅人，心无记挂，以天地日月为住所，他们一样恬适自在。

忙碌的企业家对他说：“我要不断扩张版图，增加国家的生产力，让跟随我的员工可以过好日子。”

你上千员工，超时工作，凌晨回家睡觉，醒来赶着上班。他们的妻儿，已半个月没和他们吃一顿饭，说上十句话。这样的生活，真的叫好日子吗？

年轻人思考着，这些成功的人，并没有他想象中的光彩明亮，他们忙到连坐下来喝杯咖啡的时间都没有，他们的成功真的是在制造自己以及人类未来的幸福吗？

这一天，背着行李的年轻人，为了避雨、过夜，敲开深山一家寺庙的门。

“叩叩叩”，年轻人打着有狮子图案的门环。

久久，才听到，醇厚的声音应答着：“自己进来吧！”

他穿过长廊，进入堂间，洒落水渍，折收伞衣。

一位老和尚端坐着，他上前致意。

“老和尚，您在山里多久了？”

“你指的是，看得到的，还是看不到的时间？”

“……”

“你看得到的，是你的时间，不是我的时间；看不到的时间，是我的时间，那是时间之外的。”

年轻人觉得这个老和尚说的话有几分哲理，也许，他会知道，生命的意义何在。

“老和尚，请您慈悲，告诉我，人活着的意义是什么呢？”

很长很久的静默，只有风铃叮叮当当的声音在他们之间穿梭……

“等你找到，铃声是从哪里来的，我就会告诉你，人活着的意义是什么。”

这位年轻人自此留在这座深山的寺院里，在老和尚身边学习，停息妄想之轮，追溯着风与铃歇止的来处。山里红花开了谢了，老和尚与年轻人，在冬日的屋檐下，升起一炉红泥，喝着茶，听着，听着。风是铃，铃是风……刹那间，他读到风扑过大漠时的情境，也看见铃等着风，那颗千古痴心……

南国之境的雨势，来得急走得快。天光将尽，廊下的燕群疾飞归巢。雨天，有这么一个故事让人回想着。回庵里的小径上，不知名的小白花正绽放，人生的意义，问问风，问问铃吧！

你在你的梦中做了什么梦？

刚出家时，为了作禅观的心智训练，记了五年的梦境。

笔记本，尺寸长长短短，厚度大小不一，颜色斑驳杂乱，都是随手在学生型的小书店买来的，封面热闹、童稚、可爱，价格便宜。五年的梦记，后来一把火烧了，那火光蹿起的灼热，偶尔会在深深的梦里觉受到。

五年的记录，加强了我对微细念头的观照，那力量是柔静的水，经过时间流逝，它正悄然冲溃、消融我见、我相坚固的堤防。慢慢的，那个重重叠叠的我，走向清明的整合。以往我要求完美，几近工作狂，眼一睁，就是工作。对己待人是苛刻、冷血的，以为，唯有忽略个体的存在，才能达到百分百的绩效成果。

我只要眼所见的“结果”，忘了生活的每个片断，都在呈现某个结果。如果，你认真记下你的梦，会发现，做

梦的你，以虚假的快乐、失落为真；白天的你，依旧昏睡做梦，以根尘识的局限，看这个世界。你的心，创造你所显露的世界，而你以为，这个世界是别人给你的。

五年的梦，其中有三个，文字记录虽烧毁，但影像仍储存在记忆库。

第一个梦，是倦累的午间小憩时做的。

白色的墙壁上，突出一只巨大的眼。

眼睛对我说话："依你灵敏的觉知，寻一处山林水边，今生必得解悟来处。"

即使，你现在告诉我，菩萨道永无解脱，我也不会再回头。缠缚的不是外境，而是认取妄境为真实。

第二个梦。

伸手不见五指的荒野， 一队人马，在山坑往下挖掘着。

一阵尖叫，出土的是一具骷髅。众人散去，荒地燃着微弱的火堆。

我走近骷髅，望着他空洞的双眼，无肉的身躯。他也曾经风华年少，他也曾经有无数的梦想，他是一个活生生的生命，只是回归到了最原始的状态。

抱起骷髅，我涌现出澎湃的爱惜，动容流泪。

瞬间，骷髅复活，是一个美丽的少女。火光里，我们共舞，生与死同体的曼妙之舞。

第三个梦是关于开车的。

在总在落着细雨的海岸，我开着一部香槟色的车，追着无尽无边的海天。浪声在耳畔回荡着，那条公路，柔软、宁静如蓝色海洋。车是鳃，人是鱼，悠然地行走在水中。

梦是心理的投射，那只是表层，梦意如《华严经》所谓的重重无尽，剥开一层迷思，又被带入另一层的谜团，如镜面光影，影与本体，非异非同。

日本电影大师黑泽明的《八个梦》中的第四个梦是“隧道”：

战争时,全队人员阵亡。唯一生还被俘获释的中队长，行经那个隧道，遇见死去同袍的幽魂，他不愿相信自己已经死亡。

人死后，为什么要有七七四十九天的度亡佛事？就是不断地宣告，让当事者接受死亡，让亡者安息，勇敢迎向新生的另一端。

梦，如工画师，能画种种物。白天的你，梦中的你，哪一个才叫真实呢？

明朝的憨山大师，开悟前后，曾做了三个梦。其中最让人深思的是“饮髑髅之梦”。

大师梦见一僧人来报告说：“文殊菩萨在北台顶设置浴室，请你去洗澡。”大师跟着他到了北台之顶，梵僧带领大师到浴池。当大师准备解衣入浴时，见一位女人已在池中洗澡，心里忽然生起厌恶，不想再入池了。这时池中人见大师厌恶而不入池，故意露出身体，大师这才知道那个人原来是男的。

那池中人用手戽水洗大师，水从头上淋下，一直灌入五脏。大师感觉五脏一一都洗净了，仅存的一身薄皮，如琉璃光一样，洞然透明。

洗浴后，有人唤喝茶，有一梵僧手擎半边像剖开的西瓜一样的髑髅，里面全是人的脑髓，还滴着血液。大师嫌恶这髑髅，但这位梵僧用手指剜了一块脑髓问大师：“这是不净的吗？”随即送入口中吃了，一边吃一边剜，吃得津津有味。这时池中人说：“可以让他喝了。”梵僧即把髑髅递给大师，大师喝了一口，感到很惊异，淋漓的血水，味道却似芬芳的甘露。

憨山大师领悟到，若能泯除对身相的分别，“男女、秽净原是一如。”

试问，你在你的梦中做了什么梦呢？梦中梦，古今还同一梦，能从梦中醒来的有几人？

梦窗国师的偏食

在佛门里，吃饭是大修行，不仅是为填饱肚皮，滋养色身，还是一堂活生生的禅观修炼。粒米菜汤咽下，五味杂陈，你所喜你所厌，那万千念想奔窜，还有麻痹无觉的空白，如果，你能不坠入念海，有个片叶可安身，那么，吃饭这堂默剧的课程，你会慢慢摸索到门路。

偏食，是父母对小孩的无奈。因为每个小孩都偏食，而每个人也难免有偏食的习惯。就像在我的童年时代，餐桌上的卤肉、鱼汤总会点燃母女大战，母亲为捍卫孩子的营养，我为争取饮食的自由，于是，推开食物。坚决拒吃的下场，是面壁思过。

最爱高丽菜，不论如何煮的高丽菜，我都欢喜。“只吃高丽菜，你是要当菜姑吗？”母亲从强迫到最后终于妥协，于是我整部童年史，都离不开高丽菜的气味。为什么那么爱高丽菜？也许是高丽菜生熟皆可入味，可淡可咸可融入其他菜肴。年纪稍长，逐渐从高丽菜中悟出一些隐微个性，静淡、不喜喧嚣亮彩，努力做好自己。

“至道无难，唯嫌拣择”，这是有德高僧的训勉，常令我惭愧汗颜。到如今，我看到红萝卜，依然敬谢不敏。心想，是谁把红萝卜带到中国的？如果地球上没有红萝卜，不知多美好？坐在斋堂里，对着萝卜丝碎碎念，叹口气：别再作二想，配着汤，快咕噜咕噜下肚吧。

某天，读到日本梦窗国师的生活小传，让我对自己那么执爱高丽菜那么厌离红萝卜的心结疏解了不少。

据说天龙寺开山祖师梦窗国师讨厌咸菜。于是直到现在，每逢十月三十日大师的忌日，全山的规矩仍是从前一天起就不吃咸菜，这是因为爱戴、崇敬梦窗国师的德行。

大正时期，岚山的河畔有幢别墅，是神户川崎家的。时任天龙寺的住持台岳和尚时常被邀去与第一代正藏翁对弈。奇的是，餐桌上从来不上咸菜。一次，他催促道：“川崎先生，给我来点咸菜吧。”正藏翁却说：“咸菜免了吧，我最讨厌咸菜，连那个味儿都受不了。”

台岳和尚说：“我们的开山大师也不喜欢咸菜，所以寺里规定，逢他的忌日，不上咸菜。”正藏翁深受感动：“这太感人了。我一直以来都觉得这是个丢脸的毛病，七代帝师之尊的梦窗国师这么伟大的人物也讨厌咸菜，我觉得放心了。从今天起，我决心做梦窗国师的信徒了。”

正藏翁于是成为天龙寺的信徒，并决定在神户建一座天龙寺派的寺院，因梦窗国师讨厌咸菜，这一线的因缘，天龙寺派增添了一个实力雄厚的分院。

一位大师率直地表明他的喜恶，不在乎世人对他的非议。世人都难免有其偏执，如晋惠帝性喜甜食到无法自拔，并身患重疾；近代的曼殊大师也是，宁取甜点，不惜伤及脾胃。反观梦窗国师，讨厌咸菜，却始料未及，引度了一位佛教大护法。

发现梦窗国师的偏食，并没有减轻我对红萝卜的歉意。从它每次出现，让我如临大敌，到如今，我已能轻松看待：你也不过是红萝卜而已呀。

虚云老和尚与狐狸

现代的生活，科技产品、影歌星的恋爱八卦，是大家茶余饭后，兴致最好的话题，除此之外，还有一项，就是饲养的宠物。

宠物这个名词，对出生于二十世纪五十年代的我们是比较陌生的。家里的狗是顾守家门的，等于防盗系统。至于小猫之类，善心人士常给它们留些饭菜，就任它们在路边闲晃。最吸引大家关注的是，横行屋顶上猫群格斗时低吼的英姿。从何时起，流着老虎血液的猫族，依偎在人类脚边撒娇，也许时代在改变，人类对猫狗角色扮演的要求也改变了。

街头再也看不到猫狗行走，让人忽然觉得热闹的街景少了些亮点。是什么呢？也许是一种自由甜美的氛围吧。听着主人细数家里宠物的喜怒哀乐、食衣住行的细节，不禁让人疑惑，如果没有宠物，在这个世纪，会不会像青少年没去染发，注定被排外？因为，你和多数人不一样。

对于动物，我敬佩它们在物竞天择的环境下，无论如何艰难，都是去面对问题而不是自杀。对于宠物，我只希望，人类把它们视为生命，尽到照顾终老的责任，不是当它们是可爱的活动玩具，病残老丑时就丢弃了事。

近日，读到禅门一则轶闻，虚云老和尚与一只白狐的故事。

一九三六年春天，虚云老和尚在广州南华寺传授戒坛，戒期即将圆满时，驻防军第十六团团长林国庚来南华寺拜望老和尚。

林团长带来了一只狐狸，毛色银白，毛皮光滑，尾巴细长蓬松，长相聪颖可爱。团长向老和尚禀告，这只狐狸有奇特的来历。它最初是猎人在广州白云山捕获的，他的一个朋友赵某将其买下，预定把它杀了当作补品。

佣人准备宰杀白狐时，他看到它用哀求的目光望向他，还频频叩首，遂生悲悯之心，令人用笼子将它送到广州动物园中。后来赵某因事被捕入狱，案子久拖不决。赵某的妻子便向一个善于占卜的人询问吉凶。相师告之，应积德行善，可放生、布施。之前因关白狐而致赵某现在牢狱的果报，应将白狐送往南华寺放生，请有德的高僧度化它。

老和尚听了这段经过，便收留了这只白狐，并为它说三皈五戒，再放归后山树林中。每当饥饿时，它会回到寺中觅食。神奇的是它受过三皈五戒后，从此不再食肉，而喜欢以蔬果饱食。

寺院的工匠故意玩弄它，用肉屑掺杂在果类食物里给它，白狐觉察出异状，立即把食物吐出来，用前爪反复擦去嘴边残渣，并怒视工匠，蹿出树林，数日不再靠近工人。

有位恶性的村民想要捕猎白狐，它迅速爬上一棵大树，面向南华寺不停地哀叫。一个沙弥听到后告诉了老和尚，老和尚便赶到那棵树下。白狐见到老和尚，立刻下树，跳到他的长衫上。白狐从此安居南华寺，自由行动。

白狐充满灵性，每当老和尚坐禅时，它就趴在禅床上相伴。和尚坐禅时间过长，它就不时地捋着和尚的胡须嬉戏，示意他该休息了。老和尚睁开眼看看它，要它不要胡闹撒野，小狐就安静地趴下来，不再玩闹了。

多年后，白狐不幸被车撞成重伤，和尚知其不治，哀怜它的痛楚，便开示：“这个皮袋，无足留意，汝须放下，忏悔过去宿业。一念之差，堕于异类，复遭恶报，因此痛苦。此是宿业报满，愿汝一心念佛，速得解脱。”聪慧的白狐，连连点头，叫了三声而亡。

老和尚为它配备棺木，依照亡僧的标准，葬于南华山后。

虚云老和尚身边的白狐，虽堕入狐身，却遇到帮助它脱离生命轮回的贵人，可谓史上最有福报的动物。

瓶中鹅

岁末年初，寄贺卡、传简讯、Facebook留言拜年。年，除了远处的爆竹声，人际的往来反而越来越平板越来越静默。在这个世纪，快乐的人，好像是快灭种的动物。这么多的快速交流，为什么人们还是活得不踏实，还是感觉寂寞呢？我一直一直在认真思考这个问题。

快过年了，很少寄物品的我，把一串念珠、一条丝巾、果饼若干，装入邮箱，寄往新店冷冽的山区。这位朋友，两三年碰一次面，这样的疏远，却完全没有陌生的感觉。长居山里的她，一个人，天未亮就起身禅坐，大半的白日，就在山间行走念佛。

我曾问她："一个人，不怕吗？"

"满济法师您说，要怕什么？"

一个小龙女般柔质的她，那句诘问惊天动地、铿锵有力，霎时明白，对呀，人真正要怕的是什么？山里的强盗吗？能被抢走的就是不属于自己的，不能被抢走的，都常在左右，那还需要去担忧吗？

她一个人在山里静修，围绕她的，是树影风声，而我一个人在千人的丛林里学习，日日剪裁文字版面作为我禅观的坛场。关于寂寞关于人在世上的身不由己，也许下面这则公案可以让我们思考，解套的关键点是什么。

话说，唐朝的李翱，是当时很有名气的文学家。

有一天，他去拜访南泉普愿禅师，想要探探禅师的功力如何。他开口询问："有个人在玻璃瓶里，养着一只小鹅，后来鹅渐渐长大，没有办法从瓶中脱身。养鹅的人想救鹅又不想打破瓶子，请问禅师，要如何才能两全其美？"

禅师明白他的问话意含挑战的意味，静默片刻，突然大声地叫唤："李翱！"

李翱一听，毫不思考地回应："在。"

南泉禅师向他微笑说："出来了！"

李翱顿时有所领悟。

这个瓶子何处不在？名利金钱、地位权势、爱情婚姻，等等，我们找一个瓶子把自己养在里面，慢慢发现，由于欲望的增长，再漂亮的瓶子，都让我们困在其中无法自由呼吸。

有一次，我和几个人吃饭。

一顿饭从开始到结束，那一个小时，我看着她不停地往马路张望。快吃饱时，我和她说：“你这一顿饭，吃下的不是美食，而是你的那部名车。阿弥陀佛，幸好我没车。”

有或没有，与拥有幸福不是绝对关联的。我没有车，到书店，可以搭客运，不用担心害怕。我出家，没有家，但在全球的寺院都可以挂单，天涯海角的黑人白人，所有的人都可以成为我的家人。

平时大家的问候语是“最近好吗”，这句话，对我而言是很难回答的。就像问一朵花：“今天出太阳，你好吗？”问一只鱼：“今天海浪翻腾，你好吗？”花，清楚日光、雨水都是养分；鱼享受平静和变化多端的海面。花和鱼，它们从不抱怨，也不担忧明天，更不设定未来。是花就找一个属于自己的日子盛开，是鱼就游完今生的里程。

用一生去找一个华丽的瓶子把自己装进去了，再来哀怨寂寞无趣，怎不花时间想想，脆弱的瓶子绝非久留之地，也不会是幸福的入口。生命有太多选择，不当瓶中鹅，当万里飞翔的鹰。

一块饼

龙潭崇信禅师是由于一块饼而入道的。

唐朝崇信禅师，湖北人，家境贫困，连个住所都没有，以卖饼维生。他的小摊位就在天皇道悟禅师寺旁，禅师同情他的处境，就将寺中一间小屋免费给他居住。崇信为了感恩，每天供养十个饼给道悟禅师。

禅师收下饼以后，每次都吩咐侍者拿一个饼还给崇信。

一段时间过去了，有一天，崇信忍不住心里的疑惑，跑去向禅师抗议道："饼是我送给您的，您为什么再还我一个，我虽穷，但还出得起这十块饼。您这是什么意思？”

道悟禅师望着这位年轻人回答道：“你能够每天送我十个，为什么我不能每天再给你一个？”

崇信不以为然地反击道：“我能送你十个，哪里在乎你要还我一个？”

禅师拍手大笑：“一个你嫌少吗？十个我都不在意多呀！”

崇信听后，心有所悟，便礼请道悟禅师为其剃度。

道悟禅师在为他剃度时举了这段送饼的典故，道：“一生十，十生百，乃至能生千万，诸法皆从一而生。”

崇信不假思索地回应：“一生万法，万法皆一！”

这是崇信初破混沌，还未到大彻大悟。

崇信跟随道悟禅师学道多年，由于禅师从未宣说什么佛法意旨，他心难免焦急。有一天，他鼓起勇气，长跪在地，合掌向老师问道。

“弟子久在门下学习，禅师未宣讲大法密意，今日祈请赐予一句，开启迷雾。”

道悟禅师听完哈哈大笑。

“你果真负了我一片苦心。日日你端茶，我饮尽滴水；日日你送饭，我粒米全食。禅意即在其中，你可会得？”

崇信禅师此刻如漆桶脱落，身心寂然如千潭印月。聪慧的他进一步向老师问道：悟后要如何保住那颗初心？老师对着窗外的鸟鸣，微笑地说出这一偈：“任性逍遥，随缘放旷，但尽凡心，别无圣解。”

悟后的崇信，后在龙潭结庵居住，世称龙潭崇信禅师，传法德山宣鉴禅师，德山禅师大开云门、法眼两宗派。

一块饼随处可见，平凡到我们视而不见，食而未食。这块饼，在凡俗的世间，只是填饱肚皮的食物，但在独具法眼慧心的学道人，都是悟道的利剑。

崇信禅师送十块饼，道悟禅师还一块饼。千年的饼香犹在，还等着有心人来品尝这大道的法味。

熟了

近日气候炎热，三四月天犹如六月的高温。

一般人消暑的方法，大多是饮用凉水冰品，而我消暑的方法，是喝温热的茶，不拣茶种的生熟。喝茶喝久了，山静心静。每种茶都有如人的性情，有的刚烈正直，有的柔顺和气，有的优雅恬静，有的入口有樟香、蜜香。难怪苏东坡会说“从来佳茗似佳人”。

早上禅修下座后，整理寮房零散的书堆，窗口外，不知名的鸟正欢快地咏唱。

到办公室前的晨读是一天最美好的时光。

把佛桌前的供茶再加些热水，饮着佛加持的甘露，诵读禅门祖师的语录。

《景德传灯录》卷七记着这么一段公案。

明州大梅山法常禅师初参马祖禅师，请示法要。

“禅师慈悲，什么是佛？”

马祖禅师不假思索地答道：“即心即佛。”

法常禅师当下大悟，住明州大梅山，世人即称大梅禅师。

有一天，来了一个云水僧，是从马祖禅师的道场来的。

这位云水僧向大梅禅师请求开示：“和尚当日面见马祖禅师，得到什么密法，今日住山传法？”

大梅禅师答道：“我的老师说，‘即心即佛’，言下

即见本性，便向这座山住。”

云水僧听完哈哈大笑：“现在禅师又不这么说了。”

“老禅师又说什么呢？”

“近日你的老师四处向人说道，‘非心非佛’。”

大梅禅师大声喝道：“我的老师最喜欢惑乱世人，任他的非心非佛，我只管我的即心即佛。”

云水僧返回马祖禅师的道场向他提起这段经过。马祖欢喜地向大众宣布说：“诸位仁者，梅子这次真的熟了。”

即心即佛要我们相信凡心是佛，大梅禅师肯定佛性，相信每个人学习佛行，是心作佛，老师的“非心非佛”不再惑乱他对佛性的认可。

从此则公案，我想到，常有人会问道：“师父，什么事我都会忧虑过多，很难往好处想。”

“把你的害怕，一条一条写下来。然后看着那个害怕，当你愿意面向那个害怕，你会忽然觉醒，原来躲在黑暗的不是鬼魅，是我们心中的执爱贪欲。”

“害怕在哪里，开悟就在哪里。佛陀也是因为恐惧老病死，怕到放弃皇宫的优渥生活，如果，你能把害怕扩大到这样的程度，那么，所有的心念就没有什么可以让你害怕的了。”

梅子熟了没？米舂了没？禅门公案有的锐利如闪电，有的亲切如家常，梅子熟了，得耐受人间的寒冬。心里贪嗔欲望的粗糠不脱落，怎能显露出亮洁的本色？

熟了吗？道一句，也许能激励我们抛下背后的黑暗，向前一步，相信，天会亮，青鸟会在窗口吟唱。

鬼在哪里

喜欢禅修，是由于它的简易，在家里的一隅小角，户外的露地水边，等等，你都可以凝神闭目，把身心贯注于呼吸的出入。你贵如皇族，你凡如草民，在禅修的世界，这些一时的假名之相，阻挡不了你踏上寻求真我之路。

满腹经纶的德山宣鉴禅师挑着《金刚经青龙疏钞》，意兴风发地要去驳斥南方顿悟禅法为魔说，谁知到了湖南，肚子饿了，要向个老婆子买点心，落得狼狈不堪。“过去心不可得，现在心不可得，未来心不可得，那么你现在要点哪个心？”德山禅师哑口无言，老婆子哈哈大笑而去。德山烧了疏钞，自此潜修用功，明白明心见性，文字只是路标，风景再美丽，都要亲自经历。

“师父，您为什么出家？师父，您为什么那么相信佛法？”

其实你不出家，也有千百个理由，你不相信佛法，也有你信心因缘未具足的状况，我的如何成为你的？我喝下的茶茗，入喉滋润的甜香，要如何解说，这茶汤的柔致这味道的千变万化？别人的花园怎会缤纷多彩？读了园艺知识，要实地去耕作，芽才会冒，花才会开。

那一年我曾亲眼看到大佛转身，但还是要吃饭睡觉。圣境的不可思议不是拿来炫耀的，是佛陀的加持，让我们面对生命的困厄，有更强大的安忍力。

“你，成为你心所想的。”心如工画师，能画种种物，人忘了，自己的心能造地狱也能建设天堂。

有个故事是这么说的。

有个中年丧偶的男子，在太太过世两年后，另娶了一个年轻貌美的女孩。第一年平安度过，第二年，发生了奇怪的事。

这个男子天天做梦，梦见死去的太太。他害怕到不敢睡觉，找道士来作法、驱魔都无效，他心里想要做的，太太的鬼魂都会事先知道。

“你这个死鬼，我才离开不到三年，你就另娶他人。我和你奋斗那么多年，才有这样的局面，现在她代替我，吃好的穿好的，我不甘心。”

太太每天在梦中哭哭闹闹的，他的精神都快崩溃了。

他找到一位寺院的禅师，说出他的苦处。

“禅师，我那个死去的老婆太厉害了，我明天去哪里，要买什么衣服给新太太，她都会事先知道。害得我连现在的太太也得罪了，要和我离婚。”

“你的老婆确实厉害，有个方法可以让她消失，你回家照我的方法做。”

那个夜晚，鬼魂又现身了。

“你这死没良心的人，我们的结婚纪念日，你也只请我吃一顿饭，现在你要买钻戒给她。”

“你什么都知道，好吧。那如果你可以回答这个问题，我就和她离婚。”

他抓出口袋里的黄豆，问鬼魂：“我手里有多少颗豆子？”鬼魂霎时消失无踪。

他到寺院向禅师道谢。

“禅师，我老婆什么都神准，却不知我口袋里的豆子

有多少。”

“她不知，是因为你也不知豆子的数量。”

“为什么我不知，她就不知？”

“因为，她就是你呀！”

鬼在哪里？鬼永远都住在我们的心里。

水龙头

每天洗手洗脸，冲刷清洗物品，我们开着水龙头，水哗啦啦地流下来，奔湍的水柱流去一日，也流去一生。

有一天，我清理水槽，拿起刷子洗水龙头，还它本来晶亮的面目，才发现水龙头上贴着一张标签，“万美卫浴”。迁进这寮房住了七八年，早晚与水龙头相看，我竟不知有这张标签。人的六根，实在有趣，每天，我们穿梭人群，转换不同的空间，我们说着看着听着，但每个人呈现的世界却是千差万别。

因为这个水龙头，我想起佛门的“隔阴之迷”，有关“三车和尚”窥基大师的精彩故事。

玄奘大师去往西土取经，路过一座小山洞，他进入洞窟，要朝拜佛像，发现佛像布满了尘土，就先把尘土清理干净，这才赫然发现“佛像”是一位打坐入定的年老僧人。

玄奘大师对他说，你只修定，难以圆满菩提。我要到西方去求取经典，回到中土之后，你再来助我弘扬佛法。

这位僧人答道：“好的，但我要怎么找到您？”大师指示他：“你到中土去，找一户人家，房子是最高大漂亮的，你就在这户人家投胎，当他们的小孩吧！”（意思是要他投胎当皇家的子弟。）

年老的僧人不久即圆寂。

十几年后，玄奘大师回到长安，受到唐太宗的敬重，开始了翻译经典的工作。他没忘记当时在山洞中的约定，时时留意皇宫里是否有年纪相当的孩子，结果遍寻无踪。

有一次，他偶然见到了开国功臣尉迟恭将军的小孩，年龄还不到二十岁。大师认出这个小孩就是当年与他有约定的僧人，便希望小孩出家，但将军舍不得，大师只好奏请唐太宗下旨，将军夫妇无奈答应了。

这个少年也忘了与大师的约定，想出一个刁难的方法，提出要有一车的酒、一车的肉，再加上一车的美女，

他才愿意跟随玄奘大师出家。玄奘大师一口就答应了他的要求，并备办“三车”迎接这位少年到寺院中出家。当车队抵达寺院的山门前时，钟声刚好响起，这位少年被钟声唤醒，终于忆起前世与大师的约定。

这位少年成为后来杰出的窥基大师，唯识宗的发扬者。

一世昏迷谓之隔阴，换了一具身体，在不同的时空情境，可能就丢失某些宝贵的记忆了，因此，学佛的行者，应深深引为警戒：过了一天，过了一小时，一分钟，我们存入、删去的记忆是什么？“念念分明即为佛”，这是禅门祖师的棒喝，我们的念念随逐外境奔流，有浓密的乌云，再明的月也难以看见。

读着水龙头上“万美卫浴”四个字，水声里，我像是从长睡中醒来。那四个字日夜与我同在，我却未曾看到。佛言，一切众生皆有如来智慧德相，只因妄想执着不能证得。是呀，如果我们连水龙头的标签都视而未见，去谈甚深佛法，慈悲的佛也应笑我们是群瞎眼的痴人。

卷四 后记

丝路花雨　芬芳　千年

人间行者　观照

方寸间的生灭

当下一悟

如是圆满　澄明

芳香之城

此时此刻，我在丝路的路上。也许有丝路的花雨飘摇尾随，也许是望不尽的滚滚黄沙，隐约的驼铃犹在。再次会面，月牙泉波澜不起的水面，叠影重重里，一劫千劫已灭。

长安的市集，那一世我丢落的铜镜，今生又在哪户人家？跪坐在鸠摩罗什的草堂寺，眼底的香云飞散，泪眼婆娑的我，轻叹一句，罗什大师，您青年愁困后凉，中年再囚于逍遥园，为了译经，您纳受歌妓，安忍世人的非议，这个园子里，一草一木，我都听得到您的喟叹。

日日夜夜读诵、称量那经文的字字句句，如何信实通达，让人受益。春风已过，冬雪又临，您无私奉献出璀璨的大悲心，那慈悲就像您圆寂后，如红莲的舌，烈火不坏。为了这趟朝圣，我等待了二十年，并储蓄了整整一年“资粮”：诵读玄奘大师的《大般若经》、罗什大师的《金刚经》，祈请佛、菩萨暨护法的加持。

旅行变得何其容易，飞机可以把我们带到地球的每一个城市。旅行可能只要有钱，但参学却必须有心，诚心有几分，法喜有几分。

为什么要去丝路？这问话何其熟悉，如三年前，大家问我“为什么选择云南”。问题是一个，答案永远不是一个。云南有虚云老和尚，云南有一尊空心观音……这样的理由充足否？

这趟参学得来不易，二十年的等待，三百六十五日在工作轮转的空隙，念诵两位大师的经句，整整一年的加行用功。如果说这是幸运，也只占百分之一，正确的是点点滴滴累积的众缘所成。

走在长安的路上，李白、杜甫的诗篇还在城上的月色里发光，长安这一片月，从汉唐到二〇一二年。朝圣，是希望心的尘埃能一落即定，一步一步走回纯洁的面目。于是僧侣始终行走在旷野无人处，借由祖师的足迹，找寻那个万籁俱寂的自己。

梦，回得去长安，旧时的魂魄要如何收纳完整呢？静静的城，无语的我，二十年的等待，也许重回长安，才能招回迷路之魂。不到曹溪心不死，到了曹溪无一事，旅程的风霜，冷暖的经历，是浇灌心灵花园的养分。

两位大师，我来了，这座长安城，因为有你们，我枯萎的心才得到激励，琐碎庸俗的生命才得以嗅到寒梅的清香。这座城，游人再如何喧哗，因为有你们，都永保泉水的灵透，空山的朗秀。

走回长安的闹市小巷，那摊位上大大小小的铜镜，是人间的明月，照过今日游人。这趟朝圣之旅，感谢今生我最尊敬的亲教师——星云上人，他成就并鼓励一个心志怯弱的孩子，勇敢走向远方，用双脚去完成心中的美梦。带着长安的月光、两位大师的德泽，我打长安走过。镜能明心，亦能见性。洒在我袖上的是丝路的花雨，这芳香之城，是我们久远前，共同拥有的记忆。